阅读，
打开语文核心素养之门

吴莹　著

吉林文史出版社
JILINWENSHICHUBANSHE

图书在版编目（ＣＩＰ）数据

阅读，打开语文核心素养之门 / 吴莹著． -- 长春：
吉林文史出版社，2021.4（2024.3重印）
ISBN 978-7-5472-7693-8

Ⅰ．①阅… Ⅱ．①吴… Ⅲ．①阅读课－教学研究－中
学 Ⅳ．① G633.332

中国版本图书馆 CIP 数据核字 (2021) 第 068745 号

阅读，打开语文核心素养之门
YUEDU，DAKAI YUWEN HEXIN SUYANG ZHIMEN

著　　者：吴　莹
责任编辑：王　新
封面设计：四川悟阅文化传播有限公司
出版发行：吉林文史出版社有限责任公司
地　　址：长春市净月区福祉大路 5788 号　　邮编：130000
电　　话：0431-81629363（总编室）　0431-81629372（发行科）
印　　刷：三河市嵩川印刷有限公司
经　　销：全国新华书店
开　　本：145mm×210mm　1/32
印　　张：5.75
字　　数：150 千字
版 印 次：2021 年 4 月第 1 版　2024 年 3 月第 2 次印刷
定　　价：46.00 元
书　　号：ISBN 978-7-5472-7693-8

序

◎ 黎 铎

    我长期在遵义教育学院工作，对遵义师专的老师一直不是很熟悉，更遑论附属实验学校的教师，因而，对吴莹老师，我自然不甚了解。1998年，遵义教育学院与遵义师专合并，我任中文系主任，学生的教学实习，当然是主管业务的系主任重中之重的责任。要让学生在实习中确有所获，必然要了解各个实习学校语文教师的基本情况和素质，于是，吴莹老师进入了我的视野。

    吴莹老师口碑极好，无论是当班主任，还是作科任老师，家长都纷纷将孩子力争送入吴老师任课的班级。为此，当我需要请一位中学教师为中文系即将实习的学生上示范课时，原师专的教师纷纷向我推荐吴老师，说吴老师教书有思想，有方法，爱思考，有爱心，能为即将走向教学第一线的学生做出好的示范。

    我听了吴老师的几次示范课，感到吴老师教学确实有自己的思考和方法，于是，吴老师便成了遵义师范学院中文系长期的教学示范课和实习指导教师，直到被聘为遵义师范学院人文与传媒学院汉语言文学专业客座教授。

后来我离开了中文系，教学实习与我从事的工作相去甚远，自然吴老师渐渐脱离了我的视野。但作为附属学校的老师，吴老师在家长和学生们中的声名仍然不时在我耳边传诵。当她将厚厚的书稿交给我，请我作序，读完书稿，我才进一步了解到她为什么成为学生喜爱、家长信任、得到人们交口称赞的老师。

我曾经在另一篇序中说过一段话："一个优秀的语文教师，教学态度认真，知识面广，对教材烂熟于心，各种知识信手拈来，能做到传道、授业、解惑，深受学生欢迎，无疑是最基本的要求。但如满足于此，也不过是一个熟练的教书匠而已。要避免仅仅成为教书匠，多思、善思，并不断总结经验，有对教育理念的深入思考，对教材的系统认识，对教法的全方位探求，并形成独到的见解，才可能真正地成为'师'或'家'。"读了吴老师的书稿，我可以说，吴老师具备了真正优秀教师的基本素质。

吴老师对语文教育有自己独到的认识，也有自己解决问题的途径和方法。比如对素质教育的认识。素质教育的提倡，已经过了好多年，对什么是素质教育，素质教育的内涵究竟包含哪些内容，如何进行素质教育，专家学者、教育部门领导、一线教师，发表的论文专著可谓汗牛充栋，但莫衷一是，基层领导和教师也为此感到云山雾障，左右失据。素质教育如何进行且落到实处，不少中小学教师做了很多有益的探索，也取得了较好的实绩。为此，吴老师也有自己的思考，她寻找到以语文核心素养的培养作为基点，以学生课外阅读为抓手，既不是空喊口号，也不是背离初中语文教育的规律，更不是玩一些形式主义的花样，而是切实指导学生选择读书，怎样做笔记，怎样理解文中的人物及其表达的思想，等等，使素质教育能落到实处。

吴老师认为："语文核心素养（语言建构与运用、思维发展与提升、审美鉴赏与创造、文化理解与传承）这四个维度的建构，正是从语文课堂教学向课外阅读延伸的过程。课堂是技能的传授，而课外是技能实践和素养形成的关键。"

对课外阅读，《语文课程标准》要求初中学生广泛地阅读各种类型的读物，并对课外阅读量作出了明确的规定，九年课外阅读总量应在 400 万字以上。要求学生"每学年阅读两三部名著"，以达到"扩大阅读面""增加阅读量""有较丰富的语言积累"的目的。

但读什么和怎么读，则体现了一个语文教师的思考和水平。怎么读，书中有吴老师的思路和方法，也有示范，我不想赘言。读什么，我以为正好是吴老师书中的亮点。

说到读什么，人们一致的回答大概是："读经典。"不可否认，经典是"具有典范性、权威性的经久不衰的万世之作，经过历史选择出来的最有价值的，最能表现本行业的精髓的，最具代表性的，最完美的作品"，是人类智慧长期积累的结晶。阅读经典，毫无疑问是阅读的重中之重，对此，吴老师也在书中做了探讨。

作为一个有思考的初中语文教师，必须考虑到初中学生的学情，比如：初一学生，刚刚离开小学，课程增加，作业量大，心智尚不成熟，学习遭到挫折易产生畏难和厌学情绪，丧失自信心。让他们直接阅读经典，恐怕会事倍功半，甚至使他们对阅读产生厌恶。因而，为他们选择适合的、易于吸收、诱发兴趣的读物就至关重要。

《语文课程标准》指出："自然风光，文物古迹，民俗风情，国内外的重要事件，学生的家庭生活，以及日常生活等也可成为语文课程的资源。"为扩大学生课外阅读的范围和诱发学生的阅读兴趣，吴老师在教学中大量将本土文化引入课堂，实施了"长征文化进校园"和"沙滩文化进校园"。

遵义是全国首批 24 个历史文化名城，有着丰富的历史文化遗产，让学生从小耳濡目染，浸润深入，对树立正确的人生观有着重要的意义。将之作为课外阅读的内容，会使学生既感到亲切，又利于接受，同时符合"抓好红色基因传承，要加强革命文化教育，结合中小学思想品德、语文、历史等课程教学，教育引导学生了解中国革命史、中国共产党史，感受革命先烈的丰功伟绩，继承革命传统"的中央精神。而作为遵义师范学院附属实验学校，依托遵义师院教育部人文社科重点研究基地"中国共产党革命精神与文化资源研究中心""红色经典教育基地"等平台条件，成为其教学实践基地，能更好地将研究应用与实践，将语文教学与红色文化育人与课程思政育人有机结合起来。

后来，学校搬迁到新蒲新区，紧临沙滩文化发祥地，郑珍、莫友芝、黎庶昌的故事在乡间广泛流传，郑珍、莫友芝的诗词，黎庶昌的散文，在中国文学史上具有一定的成就。作为晚清的代表作家，将之引入课外阅读的内容，可以增强学生的爱家乡、爱祖国的文化自信和自豪。这些内容，无疑增强了课外阅读的活力，得到学生的喜爱。

吴老师著作中值得肯定的内容较多，相信读者诸君阅读后会有自己的评价。总之，鄙以为，一个语文教师，善思多思，能独立思考，力求创新，热爱生活，有一颗关爱学生的心，课堂就不会枯燥乏味，而是生意盎然，也能激发学生对语文的热爱。吴老师从培养学生的核心素质出发，用心去关爱和帮助学生，立足于学生做一个真正对社会有用的人。正是这种教学理念，使学生综合素质整体提高，所以她不刻意追求学生的中考成绩而每年的中考都取得了优异的成绩，做到了素质教育与应试教育的融合，也成就了吴老师的美名。吴老师的教学实践和总结，我想，对我们每一位初中语文教师，应该有一定的启迪。吴老师的探索，应该成为中学教师共同的追求。

目　录

第四章 核心素养背景下中学语文阅读教学策略探索

第五章 基于核心素养下的中学语文阅读教学课堂实践

第六章　教育，是一场诗意的修行

第一章　走向核心素养的语文教育

语文教学与核心素养

如今，"核心素养"成了教育领域最受关注的词语。随着《义务教育语文课程标准》的修订，教育理念逐渐在发生变化。从"双基"到"三维目标"再到"核心素养"，这标志着我们的教学从教书走向育人。"核心素养"的提出，是课程改革的创新和突破，为我们的教育教学注入了新的活力，它在育人导向上更加注重以人为本，以学生的发展为本，最终为学生的终身发展奠定基础。

"核心素养"已经成为当前教育最重要的基本点。在新课标背景下，对学生核心素养的培养，不仅是教育改革的要求，也是社会对人才发展的要求。核心素养的培养已经是中小学各科教学的主要目标甚至是终极目标。而语文教学对学生核心素养的培养有特别的学科优势，这种优势是其他学科无法企及的。语文的核心素养是学生在接受教育的过程中，通过对语文课程的学习，逐步形成和发展起来的，是为了适应未来社会的要求、解决实际问题和特殊情境所需要的语文的思维品质，是语文素养中最本质和最重要的东西，也是语文学科区别于其他学科且最能体现语文学科价值的关键素养。在语文教学中落实

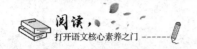

核心素养，是检验我们的教学是否遵从教学规律，是否具有科学性、实效性的重要标志。如今，核心素养的培养已成为语文教学中的中心环节，占据着语文教育教学中核心的位置。

《义务教育课程标准》明确指出："语文课程致力于培养学生的语言文字运用能力，提升学生的综合素养，为学会其他课程打下基础，为学生形成正确的世界观、人生观、价值观，形成良好个性和健全人格打下基础；为学生的全面发展和终身发展打下基础。"那么，初中语文的核心素养究竟是什么，我们在教学中应该从哪些方面入手去提升学生的素养，这些，都值得我们思考。

一、素养与核心素养

素养，泛指一个人的修养，它包括道德品质、外部形象、知识水平等，今天，它还包括思想政治素养、文化素养、身心素养、业务素养等各个方面。核心，就是保留了最重要的东西。核心素养是指学生在接受教育的过程中，逐步形成的品格和能力。它综合表现为人文底蕴、科学精神、学会学习、健康生活、责任担当、实践创新 6 大素养。涵盖了知识技能、情感态度和价值观等几个方面的内容，是这几个方面融汇而成的综合素质的体现。

二、语文核心素养

过去，我们常说语文基本能力是听说读写几个方面。今天我们提出的语文素养尤其是核心素养，简单来说，就是听、说、读、写，再加上"思"和"美"。"思"指思维品质，"美"指审美鉴赏。就是说语文素养除了知识、能力之外，还有文学审美、文化价值、思想价值等。因此，语文核心素养是让学生掌握扎实的基础知识，促使学生具备基础的学习技能，并在这个基础上不断地提升适应时代、稳定发展的综合能力，生成人文素养。在这一过程中，我们要帮助学生树立健康积极的世界观、人生观、价值观。总之，核心素养彰显语文学科教学的育人价值。学生核心素养的达成，也依赖语文学科独特育人功能的发挥。说到底，初中语文的核心素养就是培养学生的良好品德及素养，教会学生独立学习的能力。

三、如何培养学生的语文素养

语文素养是一种以语文能力为核心的综合素养，包括语文知识、语言积累、语文能力、语文学习方法和习惯，以及思维能力、人文素养等。语文老师要有意识地把培养学生的核心素养渗透到课堂教学中来。这就要求语文老师既要有语文学科的素养（专业素养、学科能力、比如知识背景、文学感受力等），又要有教学的素养（指教师教学的专业能力、教学能力、如教学理念、教学方式、教学智慧等），前一个素养决定他能教什么，教得是否正确，后一个素养决定他怎么教，教得如何。

我们的语文课堂要渗透正确的价值观。打开网页，一些青少年犯罪的信息处处可见，令人惊悚，这些问题的背后是教育的缺失。语文课首先要帮助学生树立正确的人生观、世界观、价值观。其次，语文课要培养学生听说读写的能力。老师要教给学生一定的语文知识，如概括、语法、修辞、字音字形、基本的阅读和写作方法等知识，即培养学生语文核心素养首先就要落实"双基"。基础知识（字词句篇、语、修辞、逻辑、文等）和基本能力（听说读写思）应该成为核心素养的重要组成部分。

随着我国基础教育课程改革的不断深入和教育观念的不断更新，培养学科核心素养已成为教育界的共识，培养初中生的语文核心素养已是新课标明确提出的要求。对于语文学科来

说，阅读能力的提高是形成学科核心素养的重要组成部分。《语文课程标准》指出："要培养广泛的阅读兴趣，扩大阅读面，增加阅读量，提倡少做题，多读书、好读书、读好书、读整本的书。""九年级课外阅读总量应在 400 万字以上。"因此，语文核心素养的第一阶段是重视阅读。阅读是语文课程的核心，其他都是从这里长出来的。从本质上说，一切的语文改革，只有当学生的阅读量上去了，语言积累才能成为现实，只有具备了丰厚的语言文字，学生听说读写能力的发展才有基础。核心素养的第二个阶段是思维发展与提升阶段。第三阶段是审美鉴赏与创造。这一阶段比第一阶段有较大提升，核心素养的第四阶段是文化传承与创新。要求对传统文化、现代文化具有去伪存真的能力。有专家把语文学科核心素养直接分为"阅读与鉴赏""表达与交流""文化传承、理解与创新"三方面，这实际上是知识与能力、过程与方法、情感态度与价值观在语言文字运用中的综合体现，是对《语文课程标准》的集中反映。我们可以这样认为，培养学生语文核心素养，就是通过语文教学，使学生积累起语文基础知识，建立起语文知识体系，形成语言学习和运用语言的能力，并让学生在教学活动中通过体验、表达交流，发展自己的思维能力，从而提升自己的人文素养和学习能力。

重视核心素养，落实核心素养，不是改变教学内容，不是抛弃以前我们使用的所有教学方法方式，更不是放弃基础知识的积累，而是改变传统的、陈旧的教学观念，改变施教模式，把以知识传授为中心变为以培养核心素养为中心，变老师讲授为主为学生学习为主，不仅做好"教"，更要关注学生的"学"，真正做到以学生为主体、老师为主导，尊重学生的个体差异，关注学生情感，真正做到因材施教，从而实现激发学生学习兴趣，提高学生学习能力，使学生养成终身学习的品质，促进学生的全面发展。

　　总而言之，培养学生的核心素养是当代初中语文教学的重要教学目标之一。核心素养教育理念的实施，优化了语文教学。我们必须紧跟时代发展潮流，更新自己的教学理念和教学模式、创新教学方式，提高语文教学质量，最终让学生的语文核心素养在教学中得以提升。

初中语文阅读教学中学生人文素养的培养

一、初中语文阅读教学中培养学生人文素养的重要性

　　素质教育理念的提出，是教育行业不断进步发展的结果，其在各个学科教学中的应用，对于教学目标的实现，对于教育行业效用的发挥都有着极其重要的促进作用。结合实际教学情形可知，语文学科教育活动的开展，在个人成长和发展历程中都占据极其重要的地位。一方面，语文学科知识涉及语言文字的重要组成部分，无论是个人学习活动的开展，还是日后的工作活动开展，都需要学会并运用语言文字。所以说语文学科教学活动的开展，是个人生产生活各项活动得以正常开展的坚实基础；另一方面，语文学科知识内容涉及先人文学成果的研究学习，能够在很大程度上丰富学生的日常生活，对学生的进步与发展有着极其重要的促进作用。

　　现实教学情形下，在初中语文学科教学活动开展过程中，学生人文素养的培养具有极其重要的现实意义，其主要原因在于以下几点：一是学生人文素养的培养是初中语文教育目标的重要组成部分。素质教育背景下，学生综合素养的提升成为语文学科教学目标的核心组成，归属于综合素养重要构成的人文

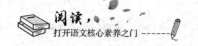

素养的培养，显得极为必要。二是初中语文教育活动中，培养学生的人文素养有助于促进语文学科的进步与发展，极具现实意义。语文学科知识内容本身与人文素养的内涵有着极为密切的联系，教师在培养学生人文素养的同时，也是在为语文学科的长远发展存储后备人才，对语文学科未来的进步与发展有着极其重要的促进作用。

二、初中语文教育中学生人文素养的培养策略

1. 充分挖掘学科教学内容中蕴含的人文素养

初中语文学科教育教学过程中，课堂教学活动是教师给学生传递知识与技能的重要渠道，同样也是培养学生人文素养的重要途径。基于此，重视课堂教学活动的开展，对于学生人文素养的培养有着极其重要的现实价值。实际教学过程中，为逐步培养学生的人文素养，充分挖掘学科教学内容中蕴含的人文素养具有极其重要的作用。一方面，在课堂教学实践的基础上，蕴含着学科教学内容的挖掘，能够实现语文学科知识内容的讲解和学生人文素养的培养这两项工作，这在很大程度上解决了课堂教学效率；另一方面，教学工作者通过事先对学科教学内容的深入研读，挖掘出学科教学内容中蕴含的人文素养，这对于学生自主培养人文素养活动的开展有着极其重要的促进作用。

以部编版初中语文《精神的三间小屋》的教学为例，在实际的教学过程中，应引导学生自读，通过自主阅读、合作探究、全班交流等形式开展学习，让学生通过诵读和欣赏，感受文章文学性的笔法，体会文章理性和抒情性相结合的特点。这一课程教学活动的开展，其目的在于引导学生感知到"精神的三间小屋"的内涵，并思考该如何构建自己的精神空间。上述教学目标在很大程度上蕴含着相应的人文素养，引导学生联系

自己的生活经验，思考如何构建自己的精神大厦。基于此，实际课堂教学过程中，教师要有目的性地引导学生关注自我内心世界，积极建构个体的精神空间，帮助学生培养并积极提升相应的人文素养。

2. 积极创设富有人文元素的教学情境

整个初中语文课堂教学过程中，积极创设富有人文元素的教学情境，是培养学生人文素养的重要途径，对于学生人文素养的培养有着极其重要的促进作用，极具现实价值。一方面，富有人文元素的教学情境的积极创设，能够在很大程度上丰富语文课堂的教学方式。模拟场景的创设，也同样有助于增加课堂教学过程中的趣味性，以至于其能在很大程度上调动学生的学科学习兴趣，引导学生积极主动地参与到语文教学课程之中；另一方面，富有人文元素的教学情境的积极创设，能够在很大程度上简化学科教学内容，对于学科教学质量的提升有着极大的帮助。教学工作者在创设富有人文元素的教学情境时，不仅可以借助多媒体教学设备等辅助教学情境创设工作的开展，还可以在深入研究人文素养内涵的基础上，强化教学情境中的人文元素。

在《念奴娇·赤壁怀古》教学过程中，为引导学生走进文本，我通过对作者苏轼生平故事的介绍、三国人物周瑜故事的介绍等，将语文学科知识与历史教学内容建立起相应的联系，实现富有人文元素的教学情境的积极创设。在这样一种教学情形下，老师起到了一个很好的引导效用，情感导入工作的开展，不仅能够在很大程度上吸引学生的注意力，让学生将个人的注意力更多地投放于文本中的世界，而且还能在很大程度上丰富学生个人的情感体验，促进学生人文素养的培养与提升。

三、结束语

实际教育教学活动中，学生人文素养的培养具有极其重要的现实意义。通过本文的论述分析可知，初中语文学科教育活动中，培养学生的人文素养是教学目标的重要构成，与此同时，为促进学生人文素养的培养，积极创设富有人文元素的教学情境、充分挖掘学科教学内容中蕴含的人文素养等都是初中语文教育中培养学生人文素养的重要策略。

第二章　阅读，开启语文核心素养之门

加强阅读指导　培养核心素养

为了对学生的阅读进行有针对性的指导，我们在校内对学生的课外阅读现状以无记名问卷调查的形式进行了调查。然后对调查数据进行统计与分析，调查结果反映出我校初中生课外阅读存在的问题是：

1. 课外阅读量严重不足。现在的学生课程多，作业重，根本谈不上完成课程标准规定的阅读量。

2. "轻阅读"现象严重。大量的书写作业、兴趣班占据了学生的时间。同时网络、电视等媒体信息的摄入替代了学生的阅读。

3. 学生个体阅读能力、阅读习惯差异大。各年级学生普遍存在着不会阅读、"浅阅读"和"局部阅读"等现象。学生阅读缺乏老师和家长有目的、有系统的引导，盲目性突出。

4. 学校缺乏正确的阅读习惯的培养指导，导致学生读书兴趣不浓、数量偏少、阅读习惯不佳、能力有待提高等现象。

这项调查分析帮助我们了解学生课外阅读的现状，便于我们针对性地采取相应措施以提高学生的阅读能力。针对以上调查分析得出的结论，个人认为，激发阅读兴趣，培养阅读习

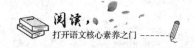

惯，是让学生爱上阅读的关键。因此，我采取了以下措施：

1. 课内加强指导，注重方法的引导

许多学生有阅读的兴趣，但在如何"读"的问题上，都是一知半解。因此，要进一步引导他们不但爱读、而且会读，这样阅读才能有所得。每周的阅读时间，教师应重在读书方法的指导和读书笔记的辅导，可以细化到如下内容：

（1）阅读方法指导：如指导学生合理利用工具书或网络查检资料；指导学生精读、略读、浏览等几种常用的阅读方法；指导学生边读边思考，提高理解、分析、概括、想象等能力；指导学生养成"不动笔墨不读书"的习惯，熟练运用在阅读过程中随机圈、划、点、注、评、摘等能力。

（2）读书笔记辅导：如指导学生学会摘录，写摘录笔记。教会学生在理解、品析的基础上，摘录课外书里的精彩语句语段，提高鉴赏能力，加强阅读积累；指导学生学会批注，写心得笔记。教会学生将阅读时大脑中闪现的灵感和智慧的火花随时记录下来，形成点滴体会，促进学生对语言文字的内化运用。

（3）课内外阅读相结合：比如在开学初，教师的教学计划中要根据课本里学习的内容，列出向学生推荐相关的经典文学作品，引导学生沟通课内、外知识。

2. 多渠道采取各种措施，培养学生阅读习惯

（1）教师精心筛选书目并推荐给学生阅读，除了《课标》要求的必读书籍以外，还推荐与优秀传统文化、本土文化相关的书籍，以及适合中学生阅读的书籍，如：《红色遵义》《文化沙滩》以及《小王子》《汤姆·索亚历险记》等。

（2）充分利用手抄报、小册子等形式，营造班级读书氛围。

3. 开展丰富的读书展示活动，将评价紧随读书活动

苏霍姆林斯基指出："成功的欢乐是一种巨大的力量，它可以促进儿童好好学习的愿望"。适当展开读书竞赛活动，有利于使学生获得并保持阅读兴趣，培养阅读习惯。

我曾经在教学中开展一系列特色专题读书活动，如"长征精神薪火相传""沙滩文化永流传"等，很好地激发了学生的阅读兴趣。我及时与学生交流阅读体会，帮助学生读完一本本有价值的书，分享学生的一篇篇读后感和文化小随笔。同时，开展朗诵比赛、名著阅读知识竞赛、语文背诵接龙大赛、成语竞赛等项目。在学期末，开展展评活动，对学生的摘抄、随笔、读后感等进行评比，让学生享受阅读的乐趣，激发学生的阅读兴趣，调动学生的阅读积极性，推动阅读步步深入。

实践证明，重视阅读，对提升学生理解能力、拓宽学生视野、增加文化积淀、提升学生精神品质等方面均有明显效果。综合起来，有以下几点变化：

1. 学生阅读的积极性不断增强，阅读习惯逐步养成

经过多方位的指导和培养，加上各种读书激励措施，学生们阅读效率提高了，读书的积极性提高了。教室里经常能看到学生读书的身影，课间也时常能听到学生在一起讨论书中的内容。观察发现，学生的书包里多了一两本课外书。读书，已经成为学生每天生活的一部分。

2. 学生的语文综合素养有明显提高

通过开展课内外阅读活动，学生读的书增多了，知道的知识也多了。说话、写作文、阅读理解能力有很大提高，语文学习的整体水平也上了一个新台阶。

3. 丰富了学生的精神世界，提高了学生的审美观

有个同学在谈到课外阅读的收获时所说："课外阅读已成了我的习惯。书是我的良师益友，她使我的心胸变得宽广，教会了我做人的道理，让我充满快乐；她就像一股清泉，畅饮泉水，我的心也变得玲珑剔透。"还有个同学说："长征文化和沙

滩文化让我感到作为遵义人的自豪。"

4. 陶冶学生的情操，培养了良好道德品质

"读一本好书，就是和许多高尚的人谈话。"优秀的经典著作让学生心灵受到了震撼，学生们在阅读中了解了优秀文化、也了解了遵义本土文化，学到了做人的道理。通过阅读，陶冶了高尚情操，培养了良好的道德品质。

总之，根据学生的实际情况，把培养学生阅读兴趣放在教学的首要位置，作为我们教学的第一任务。学生在阅读中吸取营养、陶冶情操、感受生活、感受美。阅读，让每个学生的生命之花更加绚丽、多彩！

扬课外阅读之帆　开启语文素养之旅

语文核心素养需要靠长期的、大量的积累才能形成，只靠课堂上有限的时间和有限的阅读内容，远远不能满足需要。作为语文老师，必须要引导学生在课外进行广泛的阅读。《语文课程标准》十分强调学生的课外阅读，要求"扩大阅读面""增加阅读量""有较丰富的语言积累"，要求初中学生广泛地阅读各种类型的读物，对课外阅读量作出了明确的规定，九年课外阅读总量应在 400 万字以上。并要求学生"每学年阅读两三部名著"。大量的课外阅读，能够丰富学生的语文知识，让学生借助丰富的人类文化，开阔视野、陶冶情操，培养人文素养，塑造健全人格。重视课外阅读，无疑是提升学生语文核心素养的重要举措。教育家苏霍姆林斯基说："课外阅读，用形容的话来说，既是思考的大船借以航行的帆，也是鼓帆前进的风。"

培养初中生的语文核心素养是新课标明确提出的要求。随着我国基础教育课程改革的不断深入和教育观念的不断更新，培养学科核心素养已成为教育界的共识。但在传统应试教育阴影笼罩下，家长和社会要求我们的教学立竿见影，直接将语文教学的目的指向了考试。时至今日，在大力倡导素质教育的今天，我们仍然没有完全走出应试教育极度功利化的怪圈，从而使我们培养的学生知识面狭窄，人文精神缺失。

《全日制义务教育语文课程标准》指出："现代社会要求公民具备良好的人文素养和科学素养，具备创新精神、合作意识和开放的视野，具备包括阅读理解与表达交流在内的多方面的基本能力。"课外阅读是培养学生综合能力、提升学生语文素养的一个重要途径。

现阶段，大多数中学生的课外阅读，均是在教师或家长的要求下进行，就像在完成任务一般。学生本身对于课外阅读并没有较强的兴趣。他们在课余或节假日期间，宁愿看电视、打游戏，也不会选择阅读课外书籍，学生过度依赖于电子设备，这不利于学生语文能力的培养。在网络发达的今天，电子设备无疑是一把双刃剑，怎样通过网络实现学生阅读能力的提升是当前语文教育者应该深思的问题。因此，如何让初中生利用网络优势进行有效的课外阅读来提升他们的语文素养，是当下语文教学的重要话题。

语文核心素养的培育，关系到人才生存和发展能力的基础问题，可谓意义重大。我们知道，"语文核心素养"包括四个方面：语言建构与运用、思维发展与提升、审美鉴赏与创造、文化理解与传承。而这四个维度的建构，正是从语文课堂教学走向课外阅读的过程。课堂是技能的传授，而课外则是技能实践和素养形成的关键。

制定课外阅读教学策略，能提高学生的语文素养，进一步巩固学生在课内学到的各种知识，提高学生的阅读水平和作文

能力，使学生开阔视野，增长知识，培养良好的自学能力，形成良好的道德品格，对学生的学习起着极大的推动作用。同时，通过对具体课外教学策略的实施，能够让教师对初中生语文课外阅读的方向更明朗、更系统，从而有效地提高学生的语文核心素养。学生通过课外阅读经典著作，又能形成循序渐进、操作性强的课外阅读教学策略。

传承传统文化　彰显阅读力量

中国传统文化博大精深、源远流长，在学生文化底蕴构建、提高学生整体文化素养方面发挥着重要作用。

在阅读教学中加强传统文化的渗透，可以使学生汲取中国传统文化精髓，树立起正确的人生观与价值观，培养良好的个人品格。因此，在阅读教学中加强对传统文化的渗透可谓意义重大。

部编版教材明确指出，教师要积极转变观念，要努力丰富和提高自身的传统文化素养。《义务教育语文课程标准》中指出："语文课程对继承和弘扬中华民族优秀文化传统和革命传统、增其民族文化认同感、增强民族凝聚力和创造力，具有不可替代的作用。"由此看来，在语文教学中加强传统文化教育是新课标的要求，也是初中语文教育发展的需求。

以初中语文部编版教材为例，该教材在原有的基础上，增加了古典文学作品，比如诗词和文言文等作品的比重；温儒敏老师说："初中古诗文选篇是 124 篇，占所有选篇的 51.7%，比原来的人教版也有提高，平均每个年级 40 篇左右。体裁更加多样，从《诗经》到清代的诗文，从古风、民歌、律诗、绝句到词曲，从诸子散文到历史散文，从两汉论文到唐宋古文、明清小品，均有收录。革命传统教育的篇目也占有较大的比重。小学选了40篇，初中29篇。鲁迅的作品选有《故乡》《阿长与山海经》等9篇。"教材里所选的这些文章都是经过专家的精挑细选，内容涉猎古今。这些篇目，不仅积淀着丰富的古代文化知识，也积淀着丰富而深厚的中华民族优秀的传统文化。

但是，目前部分老师在应试教育的压力下，只注重语文的工具性，忽视人文性，只注重对古诗文的讲解而缺失了对古诗文中蕴含的丰富的文化内涵的传授。我们应该知道，文化理解与传承不是简单地靠文化常识的积累，而是要通过文本解读，准确把握文本的内涵与价值。要努力在我们的课堂落实核心素养，老师就要善于捕捉教材文本里的传统文化现象。那么，老师在研读教材时，要有意识地对教材中所包含的丰富的传统文化内涵进行深入挖掘，并向学生积极地进行传授，更好的引导学生学习传统文化，将学生带进传统文化的殿堂。

举一个例子：教学《诫子书》时，有老师这样设计：画出文中表现"志"的句子，并联系上下文，说说你对文中"志"与"学"关系的理解。这个问题的设计，不能很好地引导学生体会文中传承的文化因素，修改为：1. 揣摩课文，你认为古代文化中的"君子"具有什么品质？ 2. 诸葛亮在文中对还在满怀期待，体现了古代文人的操守，你能读出诸葛亮在文中表达的情怀吗？这个设计，既引导学生通过文本进行分析揣摩，又引导学生了解古代文人"宁静修身"的情怀，理解儒家思想，理解中华文化的丰富精神。

部编版初中语文教材收录了大量红色经典篇目，这些红色经典作品，有诗歌、小说、散文、戏剧等。如：《沁园春·雪》《黄河颂》《回延安》《回忆我的母亲》等。我曾经在教学《我爱

这土地》时，给学生示范朗读，当我读到"为什么我的眼里常含泪水，因为我对这土地爱得深沉"这一句时，我很动情。我结合还在肆虐的疫情，给学生讲：我们的国家，举全国之力、举全民之力来保护人民的生命安全，无论是医务工作者、还是社区工作人员、志愿者，他们舍小家、顾大家，不顾自己的安危，保护着每一个人的安全。我们都在经历着这场疫情，无论是谁，都真切地体会到了不是什么岁月静好，而是有人为我们负重前行。作为一个中国人，我们是幸福的。以此为契机，我培养学生的爱国主义精神，从而加深学生对这首诗歌的理解。

　　语文教学不是硬邦邦的说教，而是感染人的行为。教材中每一篇精美文章，就好像是一扇打开中华优秀传统文化的大门，教师是文化的承载者，更是文化的自觉传播者，老师要善于引导学生去挖掘教材中的优秀传统文化，让学生在阅读传统文化作品中充分感受中国传统文化之魅力，深刻领悟传统文化的精神，从而增强民族自豪感。老师的视野要开阔，要站到一定的时代高度去，激活教材的时代价值，打通传统文化与现实的关系，让阅读与学生生活联系起来，以此拓宽阅读的途径，增加阅读的深度和厚度，我们的语文课堂一定会因此熠熠生辉，学生的思维品质、审美鉴赏、语言表达等能力也会得到锻炼和提升，从而彰显出阅读的力量。

第三章　挖掘本土文化　丰富阅读资源

本土文化进校园情况调查与思考

在所有的教育学科中，语文课程具有鲜明的人文属性。《义务教育语文课程标准》指出："语文课程致力于培养学生的语言文字运用能力，提升学生的综合素养，为学会其他课程打下基础；为学生形成正确的世界观、人生观、价值观，形成良好个性和健全人格打下基础，为学生的全面发展和终身发展打下基础。"如今，优秀的传统文化进校园的意义已经毋庸置疑。

就我们遵义而言，沙滩文化、长征文化、国酒文化、土司文化、建筑文化、诗乡文化、茶文化、杂技文化、辣椒文化、民族文化，被称作是遵义的"十大文化"，生活在这片土地上的人民祖祖辈辈都得到这些文化的滋养。如今遵义的本土文化正以它喜闻乐见的形式、独具特色的风范日益得到人们的喜爱和认可。但是，由于网络娱乐文化的冲击，加上宣传教育力度不够等诸多原因，本土文化正面临淡化甚至失传的危机。为了充分发挥教育主阵地的作用，把本土文化"请"进校园是非常有必要性的。

目前，遵义市各中小学引进遵义本土文化大多是以遵义

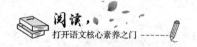

"沙滩文化""长征文化"为主，笔者也以此为重点谈谈对"沙滩文化""长征文化"进校园的一些调查和思考。

一、沙滩文化与长征文化进校园情况调查

沙滩在遵义市红花岗区新舟镇南部，这里山环水绕，田园相接，让这里闻名于世的是"沙滩文化"。"沙滩文化"兴于晚清以后大约一百年间，沙滩孕育了几十位文学爱好者，其中主要代表人物有黎庶昌、郑珍、莫友芝、黎恂等。他们向往"渔樵耕读"，在学术上取得了非凡的成就。抗日战争时期，由于时局动荡不安，浙江大学被迫迁往遵义，竺可桢校长等人亲自到沙滩考察，考察整理后，在该校主编的《遵义新志》中，将"沙滩文化"定为全国知名文化区。"沙滩文化"由此而来。后来逐渐引起了各学术界人的兴趣，他们从不同的领域、角度、方向对"沙滩文化"做了大量的研究。因而这里被称为"中华文化第一村"。

在遵义地区，"沙滩文化"逐渐进入部分中小学学校。我走访调查了遵义市周边的部分中小学学校，如遵义市四十六中即沙滩文化中学，校园内，立有石碑，上刻有"沙滩魂"三个大字，还有与"沙滩文化"相关的展板、雕塑以及"沙滩文化"系列校本教材，整个校园里充满着人文气氛。遵义县第一中学，同样秉承"沙滩文化"的精神底蕴。多年来，遵义县第一中学一直依托"沙滩文化"的力量，注入新时代的思想理念，培养全面发展的人，逐渐形成具有一定特色文化的校园。此外在一些学校图书馆中，有李连昌编写的《遵义轶闻》(沙滩集锦)，为学生提供了读本的同时，也传承了灿烂的"沙滩文化"。

在红军二万五千里长征中，遵义会议是长征文化中浓墨重彩的一笔。娄山关战役、四渡赤水、苟坝会议、习水青杠坡战

役等等，都是长征途中最华丽的篇章。今天，这些地方也都成了青少年爱国主义教育基地。

走访遵义市文化小学，该学校每年每学期都会开展一些相关活动来宣传优秀的传统文化。比如：在校内进行"小小解说员"模拟比赛，组织学生到遵义会址当解说员，给到遵义会址的游客作讲解。这样的活动在一定程度上保护和传承了长征文化。

笔者所在的遵义师范学院附属实验学校，对遵义本土文化进课堂也有了具体的实施计划，比如：开展拓展课程；编写《长征精神　薪火相传》校本课程和《长征文化我知道》等多本课外阅读小手册；在每个班级课表中都安排了经典诵读、书法练习。在图书角、班级文化墙，或陈列着不朽名著如《红星照耀中国》和其他一些有关中国红色文化的著作，或贴有遵义会议会址的图片和长征中英雄人物的画像以及人物故事的文章，校园各处洋溢着浓浓的红色元素。

二、本土文化进校园存在的问题

通过各个学校调查对比发现，在校园，传统文化的保护与传承的力度是不一样的。特别是在本土传统文化进校园方面存在着许多问题：

（一）当前本土传统文化教师师资面临着缺、弱、差的现象。

（二）目前，学校大力宣传优秀传统文化进校园，容易导致校园变成"大杂烩"，传统文化课程的设置，五花八门，既有《三字经》《弟子规》《千字文》等，又有唐诗宋词、现代诗歌等。

（三）从实践上看，许多中小学开展了本土优秀传统文化进校园活动，但是课程和教材体系也有待完善，长效机制有待建立。

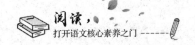

三、本土文化进校园的思考和建议

之所以探求这些问题，目的是以这些存在的问题为切入点，找到解决问题的办法和措施。

（一）将本土文化"请"进校园，学校应建立本土传统文化进校园的有效工作机制，可以从学校的整体规划建设入手，营造一种浓厚的文化氛围。

（二）精心组织内容丰富、形式多样的活动，让广大学生在传统文化熏陶下升华思想。

（三）大力推进优秀本土文化进课程，编写遵义本土文化校本教材。

（四）针对教师教学课时比较多的现象来说，语文老师很难抽出大量时间去对学生进行系统教学，建议将本土文化知识渗透到教学内容中去，在相关课程内容中有的放矢地进行教学。

（五）要结合学生自生需求，选择与学生生活相关联的文化。应考虑到不同年级、不同班级、不同知识水平的学生，真真正正做到把任务落到实处。教师要鼓励学生坚持不懈、持之以恒，让学生真正从传统文化、从本土文化中吸取精神养料。

用本土文化浇灌核心素养之花

为深入贯彻习近平总书记关于"讲好中国故事、传播好中国声音"系列讲话精神，落实中共中央办公厅、国务院办公厅《关于实施中华优秀传统文化传承工程的意见》，作为中华民族传统文化载体的语文课程，承载着民族精神和民族灵魂，在传统文化发展中起着重要的作用。《语文课程标准》指出："自然风光，文物古迹，民俗风情，国内外的重要事件，学生的家庭生活，以及日常生活等也可成为语文课程的资源""语文课程致力于培养学生的语言文字运用能力，提升学生的综合素养，为学会其他课程打下基础；为学生形成正确的世界观、人生观、价值观，形成良好个性和健全人格打下基础，为学生的全面发展和终身发展打下基础。"

黔北文化历史悠久，长期以来，就有"贵州文化在黔北，黔北文化在遵义"的美誉。遵义本土文化内容丰富，主要有沙滩文化、长征文化、文军西征、国酒文化、土司文化、建筑文化、诗乡文化、杂技文化、辣椒文化、茶文化等，这些本土文化丰富和发展了黔北文化的内涵。由于遵义特殊的地理环境、人文环境，形成了特定的特色文化。如：极富特色的仡佬族文化、享誉海外的浙大西迁文化、源远流长的沙滩文化、鼓舞国人的红色文化等等。遵义本土风俗民情、诗歌、地域文化、茶叶、建筑、饮食等都与我们的生活紧密关联。

"地域文化对人能产生直接、深刻、全面、长久，甚至终身的影响，对一个人的成长和发展有着重大的教育作用。每个人都有属于自己的地域文化，地域文化是现代教育不可或缺的重要内容，理应走进语文课程。"在语文教学中，"语文的外延和生活的外延相等"，我们进行语文教学的资源和实践的机会可以说是无处不在、无时不有。但是，由于网络娱乐文化的冲击，加上宣传教育力度不够，遵义本土文化正面临淡化甚至失传的危机。一些青少年在社会非主流文化和社会不良风气的消极影响下，缺乏理想信念，社会公德意识淡薄，讲究实用、追求实惠已经成为很多青少年认同的价值观。让本土文化回归语文教学，不仅可以拓宽学生学习视野，提高学生人文素养，还能陶冶情操、完善人格，引导学生从小树立社会主义荣辱观，培养学生的家国情怀。

就以遵义市部分学校如遵义师范学院附属实验学校、遵义

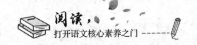

市沙滩文化中学等为例，这些学校有的紧邻遵义会议会址、有的地处沙滩文化发源地，因为地域优势，学校更应该把遵义本土文化精髓和当代中学生的理想信念紧密结合起来，唤起学生热爱和建设遵义的热情，培养学生的家国情怀。据调查，遵义市不少的学校非常重视本土文化的保护和传承，能够充分利用遵义本土文化资源，有效开展语文教学活动，充分发挥学生合作、探究意识及自主创新精神。以遵义师院附属实验学校为例，该校已形成较为完善的教学模式。如：在课堂上适时引入遵义长征文化、沙滩文化，组织实地参观、开展"义务宣讲员"等综合实践教学活动、开展主题班会、利用"国旗下的讲话"等形式，将阅读与交流、竞赛、运用、评比等活动相结合，检验学生阅读、写作能力等语文素养的提升情况，基本上实现了本土文化与语文教学的有机融合，也初步构建了本土文化与语文教学相结合的教学新模式，并在多个学校进行推广，形成了成熟的、可复制的本土文化课程特色教学模式。它的意义是多方面的：

（一）文化的保护与传承

弘扬优秀的传统文化是一项伟大的长期工程，随着经济全球化，科技的进步，全世界的人民就像生活在地球村，国外的优秀文化和糟粕的文化齐头并进的进入中国。中国的传统文化同时受到了强烈的冲击与严峻的挑战。有部分中国青少年，吃着汉堡、麦当劳，玩着电子游戏，过着其他国家的节日，却对生于斯，长于斯的文化一无所知。有的学生对于博大精深的中华文化的了解也是一知半解，即使了解也只是冰山一角、走马观花。随着货真价实的国学大师相继离世，中国几千年的文化传承面临着后继无人的甚至是无人传承的危机。所以，保护与传承中华民族的优秀的传统文化迫在眉睫。把本土文化引进校园进入课堂，在保护与传承传统优秀文化具有一定的意义。

（二）学生思想品德的形成

校园请进本土文化，让学生在课堂上进行本土文化的学习，在一定程度上培养了学生的道德信念和人生观，形成了学生良好的道德行为习惯，让学生懂得在学习过程中求知、知善、行善，不仅让学生知道"知识是人类进步的阶梯""知识就是力量"，同时让学生明白"人道更是力量"。此外，学习优秀传统文化可以引导中小学生从小辨别什么是善，什么是恶，分清楚是是非非，了解公与私，义与利，在遇到两难的问题时，做出明智的选择，从而在文化活动中培养学生的思想品德。

（三）学生自我教育能力的培养

学习传统的优秀文化，在文化的熏陶下，学生逐渐形成道德知识、道德情感、道德意志和道德行为。知、情、意、行的养成有助于学生培养与提高自我的教育能力，学生从接受品德知识到转化品德知识再到内化品德知识就是一个自我教育的过程。自我教育能力提高后，学生在自我期望，自我评价、自我调控能力都会有所改善和提高，有助于学生身心全面发展。

本土文化是传统文化的重要组成部分，挖掘本土文化并将其精华渗透到语文阅读教学中，就地取材，可以让学生们在家乡的一山一水、一人一事、一风一俗中感受家乡之美、乡情之深，让学生真实地感受自己与本土文化之间的密切联系，激发学生对本土文化的认同感和自豪感，本土文化资源中包含着丰富的课程资源，是最直接、最广泛、最接地气的特色教学资源，挖掘和利用本土文化资源，让本土文化与语文课程相结合，可以丰富语文阅读教学资源，优化课堂结构，增强语文教学的趣味性，从而更好地提升学生关键能力，培育学生的核心素养。

第四章 核心素养背景下中学语文阅读教学策略探索

激活语文课堂 促进思维发展

语文是工具性与人文性的统一，语文到底该学什么，怎样才能够学好语文？答案是非常明确的。语文是一个综合性较强的学科，语文中的内容是大千世界的反映，语文的源头来自生活。著名教育家陶行知提出"生活教育理论"，他认为"生活无时不变，生活中无时不含有教育的意义。生活即教育。教育只有通过生活才能发出力量而成为真正的教育。"语文教材来源于生活，语文教学就应该回归生活，要紧密联系学生的生活实践。如果语文教学与生活脱节，就好比是无源之水、无本之木。语文应联系学生生活进行阅读教学，指导学生从书本知识向实际生活延伸，培养学生运用知识的能力，从而提高学生的语文素养。

教师这一职业，历来以传授知识被人称道。传统的语文教学，教师紧紧抓住对字词句的解释，对文章结构的分析，对中心思想的把握。在鸦雀无声的课堂上，教师讲得口干舌燥，可是学生却毫无反应，无动于衷。这种传统的教育体现在教学思想上和方法上便是：重单向灌输，轻多向交流，重知识传授，轻能力培养，重智力教育，轻全面发展——很少顾及学生的思想情感、意志品质、个性特点。学生成了知识的"容器"，应试教育的"机器"。因此，许多学生不喜欢语文，甚至害怕语文、讨厌语文。要改变这一现状，教师首先要转变观念。新课程则提出了新的教师观、学生观。提倡在教学中以学生为主体，让学生成为"主角"。

我认为，在教学中，要使学生喜欢语文，喜欢语文课，就要注重对学生情感的关怀。即把每一篇课文与学生生活联系起来，用课文的真善美去陶冶学生的美好性情，塑造学生的健康人格，要让语文真正走进学生的生活。那么，语文怎样才能走进学生的生活呢？在这里，笔者冒昧地谈谈我教学的体会，分享给大家。

首先，教师要立足于对课本进行教学，尽可能地发掘课文中蕴含的生活因素，结合学生的生活经验进行教学。而对于课外那些曾经感动过自己、自己也理解得深刻的文章，可根据教学进度和学生程度需要，适当选择一些提供给学生阅读，有针对性进行指导，以此打动学生的心灵，启迪学生的智慧。

其次，在教学方法的处理上，特别要注重课文内容与学生生活的联系，而不能只对课文结构进行空泛的分析，使课文成为语言文字的僵死的组合。比如，我在教《社戏》时，里面写了鲁迅的童年生活，写到与乡村少年一起去钓虾、放牛、划船、偷罗汉豆，这时，学生笑了，那笑声里，包含了这些远离农村生活的孩子们对乡村生活的向往，他们仿佛想起了自己的童年生活。于是，我让学生谈谈自己的童年趣事。有的学生谈到自己学骑自行车被摔得"人仰马翻"，有的谈到去偷学游泳不成却因天下大雨成了"落汤鸡"，还有一个男生，这样说道："我七八岁的时候，幻想能够像鸟那样飞起来，一次，我站在石阶上，学着鸟飞的样子，张开双臂，身子向前，'飞'了起

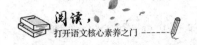

来，结果，自己摔到了地上，头被摔破了——妈妈吓坏了，连忙把我送进了医院。我这才知道，人是不能飞的。"学生争先恐后地站起来发言，讲得那么绘声绘色，模样天真、可爱，语言风趣、幽默，他们仿佛还沉醉在童年生活的一幕幕中。四十分钟很快过去了，学生们还意犹未尽，微笑依然停留在脸上。学生的生活经历、情感体验与学习课文接上了轨，很多同学能结合自己的经历来理解《社戏》中作者要表达的思想情感。"原来，鲁迅也和你们一样，曾经也调皮啊！"当我这样说时，一位学生大声说："我还没放过牛呢！"这时，鲁迅一下子和他们熟悉了起来、亲近了起来，而不再是高高在上的"伟人"。在这堂课上，学生成了主角，他们的学习兴趣也被调动起来了，能力也得到了发挥。第二天，学生们交上来的日记则再现了这一堂课，每一篇日记都是那样精彩、生动，文字是那样的活泼、形象。以后，他们又认识了闰土、杨二嫂、孔乙己，并且理解了鲁迅"哀其不幸，怒其不争"的思想，理解了鲁迅弃医从文的高尚举措，并受到感染、得到启迪：一个人，只有将国家利益、民族利益建立在个人利益之上，他才会更好地实现个人价值。不知不觉中，教学已渗透了对学生高尚情操的熏陶、培养。

我想，将课文与学生实际生活联系起来，是让学生主动学习、热爱学习的最佳选择。

在教学《提醒幸福》时，我让学生反复朗读课文，体会文中作者要表达的思想感情，再谈谈自己的感想。一位学生站起来说："每天我总有烦恼，幸福仿佛离我很远。"我问："你有什么烦恼呢？讲出来听听。"于是，学生们说开了：不被父母理解是烦恼，学校开家长会是烦恼，同学之间相处有烦恼，考试是烦恼，分数是烦恼——而分数仿佛成了学生最大的烦恼，聆听学生的种种诉说，我仿佛走进了他们的心灵，成了他们的朋友。我说：当你和父母有矛盾的时候，请给予父母多一分关心，多一分理解，父母的心永远为你而牵挂，当你和同学产生矛盾时，请多一分宽容，因为友谊是最宝贵的财富；当你分数不高时，请不要烦恼，只要有一颗执着的心，有顽强拼搏的精神，成功会在不远处等着你。请记住：你是幸福的，请珍惜幸福。课后，张艺凡同学还写了一篇名为《无知是福》的文章。文中写到：因为无知，因为年少，许多事情等着我们去探索，不必要烦恼，成功属于努力拼搏的人——学生们也在日记中写出了自己的心里话，写了自己的烦恼，还写了自己的思考，懂得了该怎样面对烦恼，面对挫折，怎样做一个上进、乐观的人。我想，学生不仅读懂了文章《提醒幸福》，还从中得到了启示，那就是：生活着便是幸福的，我们应该努力地去拥有快乐的人生。实际上，许许多多的课文是至善至美的。如《斑羚飞渡》让学生懂得团结是一种美德；《紫藤萝瀑布》让学生懂得珍惜生命；《山鹰之死》让学生学会关注人类与自然等等。我想，语文不仅仅是"告诉"，它与学生的成长是密切关联的。学语文就是学做人。学语文的过程就是认识他人、认识社会、认识世界的过程，也是认识自我、发展自我、完善自我的过程。如果语文只是单纯地传授知识，分析课文结构，而脱离学生的实际生活，离开了学生的生活与心灵，那语文还有什么生命力？学生不是学习的机器，而是一个个鲜活的生命，面对这一个个鲜活的生命，语文课也应充分尊重学生的人格，尊重学生的个性，回归到学生生活当中去，把学习与他们的生活有机地融合起来，并帮助学生懂得反思、完善自我。我想无论什么课程，只要根植于生活的土壤中，学生一定会主动学习，合作学习，在老师的帮助下，努力做一个全面发展的人。

　　语文教学中重要的环节——作文教学，更可以丰富多彩。学生的作文，反映世间百态，更反映了他们的内心世界、家庭

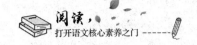
生活。通过作文，老师可以走进学生心灵，去和他们交谈，和他们做朋友。有一位学生的作文，让我至今记忆犹新。那天，我布置了一个作文题《父亲》，让学生当堂作文。可是一个学生却迟迟不动笔，成绩优秀的她可从没有这种情况呀！一位同学悄悄告诉我："老师，她没有父亲，她爸爸很早就离开她回上海去了。"原来是这样！我走到这位同学身边，对她说："每个人都有不同的经历，或许不同的经历都是一种收获，我们要正确的面对它。把你的内心话写出来吧，请把我当作你的朋友，我愿意倾听你的心声。"这位同学在作文中写到："我已不能记起父亲的模样，但我最忘不了的，是六年前在法院门口，父亲回头看我的那一眼，充满了歉疚，充满了留恋，充满了深情——我很想见到我的父亲。"字里行间流露出对父亲的思念之情，令人为之动容。这篇作文得了全班最高分，它真实的情感足以打动每一个人。我认为，作文，如果脱离实际生活，就会变得干瘪、乏味，如果让学生有话可写，写自己的生活，写自己的思想，表达自己的情感，学生的思维会更加活跃，文字会更加生动，文章会变得神采飞扬。

在语文教学中，适当安排各种语文活动，是提高学生的学习兴趣，活跃学生的学习生活的有效手段。如"课前三分钟口语训练""成语接龙"、课堂剧表演等活动，甚至带学生走出课堂、走进大自然，他们就会感到学习语文不再是一件苦差事。同时，通过这些活动，也培养了学生的观察、思考等诸多能力，增加了信息量，拓宽了知识面，从而提高了语文素质。

"问渠哪得清如许，为有源头活水来。"这"活水"，便是多姿多彩的生活。《语文课程标准》也要求加强语文与生活的联系，促进学生语文素养的整体推进和协调发展。美国教育家华特曾指出："语文的外延与生活的外延相等。"因此，老师要转变教学观念，树立语文学习的外延与生活外延相等的教学思想，关注学生、关注文本、关注生活。语文教学只有立足学生生活，走进学生生活，才能让学生变厌学为乐学，变被动学习为主动学习，语文课也才会变得活泼，变得亲切。

树立整体意识　有效解读文本

——以部编版初中语文教材为例

　　文本解读是一个文化术语，本意是指一句话、一件事、一个人等被用话语记录下来，这就是文本，对它进行分析理解，就是文本解读。文本是没有进入教材之前的作品，具有原生价值，进入教材的文本就是课文，它带上了编者的意图，就具有了教学价值。对于老师来说，文本解读就是指教师通过对教材的认真阅读，进行细致精确的分析，从而指导学生正确地理解文本、把握文本。

　　文本解读是语文老师的看家本领，语文老师不仅是自己学科的专家，还应当使自己成为"杂家"，天文、地理、文学、艺术、哲学等都要了解一点，要成为"万金油"，这样解读文本才游刃有余。在教学中，如何有效确定教学内容，离不开对文本的有效解读。

　　文本解读，第一就是备课，首先就要把握教材的特点。叶圣陶老先生说过："教材无非是个例子"。也有人说教材是"范本"、是"载体"、是"材料"……无论是过去的"教教材"，到如今提倡的"用教材教"，总归是以教材为核心。因此，我们在备课时就应该尊重教材的规定性和制约性，就要遵循一定的原则，就要有一定的方法。如果没有把握好教材的特点，没

有把握好编者意图，就"创造性地使用教材"结果教偏了、教错了，还不如老老实实地去研究教材，正所谓"守正才能出新"，就是这个道理。

但是，我们在备课的时候，常常会出现这样的情况：1. 抄袭"教案"花时多，钻研教材花时少；老师没有先阅读文本，一来就读教学参考书和各种资料，把网上的或者是教参书上的教案照搬照抄，根本没有认真去阅读文本，没有将它们内化为自己的东西去传达给学生。在备课时也不去理会教材编排意图，对教材不做深入研究，就教材教教材，按部就班，谈不上灵活地处理和运用教材。2. 探讨"教法"多，探究"学法"少。只管教，对学生怎么学，又学得如何没有作深入的思考和研究。解读教材的步骤和方法固然是多种多样的，但如何有效解读文本仍是一个值得思考和研究的问题。

我认为，解读文本要有全局意识，不能备一课是一课，也不能抄袭教案了事，而要认真地研究教材，要根据课文内容、分析文本在单元里所处的位置、编写的意图、文体以及单元要求来进行教学设计。

（一）研读《课标》，把握方向

《语文课程标准》中的总目标蕴涵着课程与教学内容。《语文课程标准》中的阶段目标，对每个年级应该完成的目标都作了具体的要求，教师要对这样的要求做到心中有数，才能更好地把握教材。

（二）研读《教师用书》前面的"编写说明"部分

在《教师教学用书》的"编写说明"里，分别对"关于教材""关于教师教学用书""关于教学方式"三大类作了具体详细的说明。举个例子：

关于教材，《教师教学用书》的"编写说明"指出了教材的突出特点与创新之处：

1. 双线组织单元结构，强化语文学习的综合性和实践性。"编写说明"是这样表述的："新编教材创新设计，采用'人文主题'与'语文要素'双线组织单元的结构……双线组织单元结构，既强调语文与生活的联系，重视主流文化与传统文化的渗透，促进学生形成正确的价值观、人生观；又保证了语文综合素养的基本训练，强调每课一得。"

2. 重视阅读能力与阅读兴趣的培养，建设"三位一体"的阅读教学体系。特别对"三位一体"进行了说明："共同构建从教读课文到自读课文到课外阅读的三位一体的阅读体系……更好地贯彻课程标准提出的'多读书、好读书、读好书、读整本的书'。"

3. 选文注重经典性、多样化，文质兼美，尤其重视中华优秀传统文化的理解和传承。

4. 多层次构建自主学习的助学系统。

5. 强调学生自主活动、体验，引导学生在语文综合实践中获得语文能力。

6. 合理安排各种语文知识，随文学习，学以致用。

关于教师用书，则从编写原则、编写体例两方面进行了说明。对"单元说明"是这样说的：单元说明包括单元目标、编写意图和教学指导三个部分。"单元说明"让教师清楚该单元的教学指向，并有计划地做出教学安排。

关于教学方式是这样表述的："使用这套教科书要注意转变教学观念……更重要的是以学生为本，培养学生学习的兴趣，教给他们读书的方法……教师要重视二度开发教材，针对学生的具体情况，灵活运用教材……教师教学用书仅仅是供教师参考的……教学时要有所取舍。"

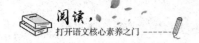

我们进行文本解读，要重视"编写说明"，才能把握教材总体编写体例、教材内容、特点、本册学习目标以及使用本册教材要注意的问题，解读文本才有方法。

（三）增强单元意识，在实际教学中，要做到"瞻前顾后"：既要关注单元说明、关注课文的"预习"又要关注课文后面的"阅读提示"

以七年级下册第一单元"单元说明"为例：

"历史的星空，因有众多杰出人物而光辉灿烂……阅读本单元的课文，能让我们感受到他们的非凡气质，唤起我们对理想的憧憬与追求"。本单元学习精读，要在通览全篇、了解大意的基础上，把握关键语句或段落，字斟句酌，揣摩品味其含义和表达的妙处。还要注意结合人文生平及其所处时代，透过细节描写，把握人文特征，理解人物的思想感情。

再以《一滴水经过丽江》为例，其中的"单元目标"，指出"了解游记的特点，把握作者的游踪、写景的角度和方法，并揣摩和品味语言，欣赏、积累精彩语句。"教参的"教学建议"强调本文是自读课文，在教学中当然要突出学生的自主阅读。又着重指出了本文最为突出的特点，也是最吸引学生的特点，就是写法上的创新。"教学建议"明确地指出，教学这篇文章，应该坚持以学生自读为主，重在体悟游记写法的创新。所以我们在解读这篇文章的时候要把重点放在写法上，而不是刻意地去挖掘、拓深这篇文章的主旨内涵。

由此看出，"单元说明"可以让我们：1. 了解本单元的主题。2. 明确本单元的学习方法。3. 把握本单元课文之间的联系。因此，认真、仔细地研读"单元说明"，是有效把握教学目标的方法之一。

综上所述，我们只有对教材有一个完整的了解，有一个系统的认识，才能真正把握教材的特点，才能对文本进行正确有效的解读。

美国教育家杜威说过："一个真正把握教学内容，吃透教材结构的人，才能灵活自如地运用探究学习方法。"

对教材有整体的把握，方才可以进行文本的解读。解读文本，首先要做到准确。要注重文本中的工具性和人文性。一篇课文，教师要在通读教材的基础上，首先要弄清学生应该掌握哪些字、词、句；其次要弄清文体知识；最后要弄懂课文体现的延伸的知识。至于文本的人文性，也是要从课文的内容入手，首先看文本思想教育的价值是从哪体现出来的，如何体现出来的；多角度思考文章给了学生哪方面的启迪；然后，要引导学生去体会作者的情感态度，认识文本的教学价值；最后，要能跳出教材，跳出文本。文本解读应该联系学生的生活，加强课内外的联系和学科之间的联系，在立足文本的基础上，还要跳出文本，这样，对教材的解读才有厚度和深度。

解读文本还要做到有度。就是指文本的解读要有尺度、有分寸。既不能过于艰涩难懂，也不能流于浅薄。过深会让学生如坠云雾摸不着头脑，过浅则是从头到尾咀嚼着学生都已知晓的东西，学生感到索然无味甚至厌烦。深浅有度实际是对学生主体地位的尊重。我们对文本的解读是为了提升学生的语文素养和语文能力，是为了引导学生通过感悟文本，获得审美享受的，所以就应该考虑学生年龄、智力与认知的差异，因此，解读教材就要做到深浅有度。解读教材还应该做到有"法"。部编版教材里，对文本解读是有方法的指导的：

如：八年级下册每个单元的"单元说明"：一单元：体会多种表达方式，品味语言；二单元：理清说明顺序，筛选信息；三单元：借助注释和工具书，理解大意，积累文言词语；四单元：活动任务单；五单元：了解游记特点，品味、积累精

彩语句；六单元：培养语感，积累文言词语和句子。我们可以依据"单元说明"提供的方法进行文本解读。

教学中，我们要顺应教材，做到依体而教。文章体裁不同，教学方法肯定不同，而同类文体则要把握其自身特点进行教学，这就要求我们要学会关注每篇课文的预习说明、旁批、课后阅读提示，这是钻研教材解读文本的有效办法。

以部编版初中语文教材为例，部编版初中语文教材把同一题材、不同文体的文章编排在同一单元。我们会发现，同一个单元里每篇课文的训练侧重点都有所不同。我举例说明：

七年级下册第一单元第一课《邓稼先》的"预习"这样写的："张爱萍将军在给邓稼先的挽诗中写道：'君视名利如粪土，许身国威壮河山。哀君早辞世，功勋泽人间'。课外搜集资料，了解邓稼先的功绩与品行。作者杨振宁与邓稼先同窗数载，有着50年的友谊。边读边体会作者纪念亡友的深情，把最让你感动的语句画出来。"

我们再来看第二课：

第二课《说和做——记闻一多先生言行片段》中"预习"则这样写的：

"闻一多既是充满爱国热情的诗人、学者，又是伟大的民主战士，毛泽东同志评价他'拍案而起，横眉怒对国民党的手枪，宁可倒下去，不愿屈服。'读课文，了解闻一多的事迹。本文的作者也是一位诗人，他的语言精致凝练，富有诗意。阅读时，注意体会这个特点。"

这样一看，同样体裁的文章，教学的着重点是不同的。

同是自读课文，着重点也有所不同。以自读课文《一棵小桃树》和《一滴水经过丽江》为例：《一棵小桃树》有详细的课文批注和"阅读提示"："同学们不妨数一数，作者一共用了多少次'我的小桃树'这一称呼的？……这深厚的情感从何而来呢？……原来，在作者看来，小桃树是他儿时便怀有的、向往幸福生活的梦的化身——'我的小桃树'就是另一个'我'。因此，无论是他对小桃树的来由、发芽、长大开花以致横遭风雨的叙述，还是各处的具体描写，都饱含着深沉的感慨和寄托……读完课文，想一想，本文与《紫藤萝瀑布》在写法上有什么相同和不同之处？"

　　而课文《一滴水经过丽江》并没有提供自读批注，但是课后有"阅读提示"："这是一篇别具一格的游记作品。"仔细阅读"阅读提示"，会发现有个概括性极强的词语"别具一格"，那么，"别具一格"怎样才能让学生自读出来呢？阿来怎样借助一滴水实现文章的"别具一格"？有关"别具一格"的提问，要贯穿到课堂之中，让学生在自读中有效学习。

　　《动物笑谈》的"阅读提示"："作者的语言诙谐风趣，有时还带着调侃的味道，阅读时注意体会这种幽默的效果。透过课文风趣的文字，我们还可以感受到科学工作者专注忘我的精神和极高的专业素养"。这是本课的自读目标，它引导学生品味语言，体会对动物、自然的热爱，对生命的尊重，对严谨求实的科学态度和为科学献身的科学精神的尊重。

　　仔细"阅读提示"和批注，会发现这些批注涉及了学习的难点、阅读的方法，托物言志文章类的读法。我们可以根据这些批注进行自读课文的教学。"阅读提示"有非常明确的阅读指向，可以帮助老师准确把握教学重点和进行教学设计。无论是任何文体的文章，我们的文本解读、我们的教学都可以在"阅读提示"的指引下进行。我们在钻研教材时，要反复研读文本，认真研读每一个句子、每一个词语，甚至每一个标点符号，不放过单元目标，预习提示、课后练习、不放过每一个批注，用这些方法来发现文本自身的特点。就拿"默读"为例，编排单元不同，文章不同，训练的"点"也有所不同。比如，

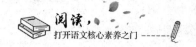

七年级上册对默读的训练，就有不同的方法指导：第三单元要求默读一气呵成，达成梳理文章内容的目的，第四单元要求默读时作圈点勾画，达成理清文章思路的目标，第五单元要求默读时作摘录积累，达成概括文章中心的目的，第六单元要求默读时要快速阅读，重点培养联想和想象的能力。

因此，文章的特点不同，教学的切入点和着力点就不同。找准文本解读的合适角度，才能有效进行文本解读。

当然，文本解读也要有章法。比如对余光中《乡愁》的解读，《乡愁》的思想内容很明白，即由对母亲、妻子的思念上升到对祖国大陆的一种深厚情意，盼宝岛台湾能早日回归祖国怀抱。如果仅仅这样解读，课堂势必会流于空洞的说教和思想的空谈。如果抓住几个词语，比如"小时候""长大后""后来啊""而现在"，这四个时间词不仅准确地表现了作者的成长历程，而且表现了诗人的乡愁随时间的推移越来越浓，并逐渐升华，将念母思妻之情，上升为离国之痛，把两岸同胞骨肉不能团圆，期盼祖国统一"大情感"展示了出来，这样，对课文的分析就更具体、诗歌表达的主题就自然显现出来。

《义务教育语文课程标准》关于阅读目标的要求"欣赏文学作品，要有自己的情感体验，初步领悟作品内涵，从中获得对自然、社会、人生的有益启示"。课文不同于一般的消遣性的文学作品，它具有独特的教学价值。在教学中，对于一篇文章，老师要以多元身份去进行解读：一是从普通读者的身份去解读，二是从老师的身份去解读，三是从学生身份去解读。从老师的身份去读文本，就是说一名语文老师，不仅要读懂文本具有的原生价值，还要善于挖掘教材的教学价值，要从语文教材的教学价值的角度对文本进行进一步的解读。我们要在课堂教学中，努力将每篇课文的教育教学价值最大限度地发挥出来。

以《老王》一课为例，教学这篇课文，很多老师都会抓住文中"那是一个幸运的人对一个不幸者的愧怍"这个句子进行研读。细细读来，你会挖掘出这个"愧怍"，来源于杨绛的善良、她的慈悲、来源于她的清醒。根据"单元说明"，在深挖课文以后，我们会发现，杨绛先生的愧怍，是对道德担当的自我批判，是作者对自己的灵魂拷问。《老王》传递给我们的不只是老王的善良和作者的自省，它的价值在于告诉我们：在良知和道德匮乏的年代，总有无数平凡的人，以诚实的品格守护着社会的道德和良知，这是一个民族依然可以向前的信号。老王也好，杨绛也罢，他们都是普通民众在特殊年代对良好道德和光辉人性坚守的见证。

又如《散步》一文，难道文章的主旨只是表现"尊老爱幼"的思想、表达"责任"吗？初读课文，发现文章内容其实很简单，就是一家祖孙三代一起到田野散步，在这过程中发生了一个小小的分歧，而"我"尊重老母亲的意愿——走大路，但是母亲却主动改变了主意，顺从孙子的主意——走小路。文章到这里，"尊老爱幼"的美德在这祖孙三代身上得到了很好的体现。

但是如果只是这样理解文章内容，那就是只停留在了文章的字面意思上。作为一名语文老师，我们要从专业的角度，读出文章背后的东西。品读课文，文章开头写到："我们在田野上散步：我，我的母亲、我的妻子和儿子"，作者用了一个非常庄重和严肃的口吻，暗示这是一次不同寻常的散步。文章结尾"今年的春天来得太迟，太迟了，有一些老人挺不过去，在清明即将到来的时候死去了。但是春天总算来了。我的母亲又熬过了一个酷冬。"这个"熬"字，有对母亲身体的担忧，更有对母亲能够撑过这个冬天的欣喜。"这是南方初春的田野！……这一切都使人想着一样东西——生命。"作者为什么要选择在初春季节的散步？因为初春万物复苏，充满生机，和母亲熬过冬天重新焕发生命的活力和谐统一在了一起，文章的写景恰到好处的抒发了作者的情。我们也发现，原来这是一次不寻常的散步，是母亲"熬"过了一次生命的"酷冬"的考验之后的不寻常的散步，里面包含了我们一家人对母亲重生后的庆幸和喜悦，更有"我"想通过这次散步，也让母亲去感受春天的生机和活力的意图。一次看似寻常的散步，不仅包含了作者对母亲的爱，更有对生命的尊重和敬畏。这样深挖文章，文章的主旨就应该是"善待生命、敬畏生命"。

所以，如果语文老师仅仅作为一个普通读者的身份去解读文本，还远远不够，我们要从整体上把握好教材的特点，认真研读文本，挖掘每一篇文本的教学价值，才能对文本进行深度解读，这才是语文老师专业解读文本应具备的核心素养。

注重教学艺术　构建高效课堂

一、更新教学理念构建高效课堂

阅读是语文教学活动中的重要环节。语文教学就是通过学生多种方式的阅读活动，让学生对文章情感有自己的理解和感悟，以此培养他们良好的阅读兴趣、阅读习惯，提升他们的阅读能力。近几年，伴随课程改革的不断深入与实施，积极构建新课程背景下初中语文高效课堂，成为当前最为主要的任务与途径。初中语文作为初中学科中的重要组成部分，不仅对学生的思维起促进作用，对学生的语言培养也有着不可磨灭的贡献。作为一名初中语文教师，肩上的担子非常沉重。

因此，要想从根本上促进初中语文教学课堂的高效，提高创新意识，加强对初中语文课堂的认识是极其重要的。首先，语文教师在积极改变课程教育理念的基础上，将传统"填鸭式"的教学方式进行改变，不断更新教学理念，使其符合课程教育改革的发展目标。其次，要从根本上提高自身的专业技术水平，将语文课程教学中所出现的各种问题与经验进行总结与整理。最后，要积极转变角色，做好学生的引导者，让学生能够将自身的主体性充分展现出来。

孔子说过"知之者不如好之者，好之者不如乐之者"。兴趣是学习最好的老师，阅读教学的关键就在于激发学生兴趣，它能够帮助学生构建阅读知识体系，是构建高效语文课堂的保证。

那么如何提高学生的语文学习兴趣则是教师应该关注的。首先，学生与教师要建立平等的合作关系，只有保证建立和谐、平等的师生关系，才能从根本上保证课堂的高效发展；其次，教师应采取不同的教学方式提高学生的学习兴趣，可以在课堂上创设情境，在课堂中融入学生喜闻乐见的元素等，让学生从根本上认识到语文所带来的乐趣，使学生在语文中体验到学习的快乐。

成功地上好一节课，与很多因素有关，巧设导语是至关重要的。它能够起到创设铺垫情境的作用。常言道："良好的开端就是成功的一半"，成功的导语，能够使学生尽快进入愉悦的情绪状态，把学生带入思维和兴奋中，为教学创造最佳的时机。导语应该融知识性、艺术性、趣味性于一体，它像一座桥，架在理解课文内容与获得知识的必经之路上，这座桥架稳了，架宽了，学生就可以轻松愉快地到达彼岸。导语的设计有很多种，可以利用歌曲、故事、质疑、表演等方式进行，来创设良好的情境。

精心设计好教学案也是上好一堂课的关键。教学方案是教

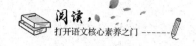

师对整个一课教学设计意图的体现。教学方案设计的重点是教学过程的设计。教师在设计教学过程时，一定要针对学生已有的知识基础、能力水平与认知水平，符合学校现有的实际条件，这样设计出的教学方案才切合实际，才具有可操作性。平时在备课中都应提前充分考虑到，在哪个环节让学生充分的说，学生可能说出哪些答案，再针对学生的答案准备怎样与学生互动交流，最终将会达成什么样的教学效果等等。当然，在这样充分开放的课堂教学环节中，笔者的教学方案设计一般完成三个任务：一是把需要解决的有价值的、有启发性的具体问题设计出来，使学习任务更具备可操作性。二是在每个环节中预设好学生可能出现的答案以及相应的导学方案。三是在有关环节提供一些解决问题的方法，授学生以"渔"。学生在这样的教学方案的指引下，就能够较充分地走进文本，为提高课堂教学效果打下了坚实的基础。

而课中反思是实现高效课堂的捷径。预设与生成实在是课堂教学的一对永恒的矛盾，预设的一厢情愿和生成的千变万化，总是在课堂这个实践的平台上演绎着一幕幕"剪不断理还乱""才下眉头，却上心头"的交响曲。课中反思就是对课堂上出现的"预设"之外的情况实施合理适时的"调控"，运用智慧把"生成的资源"巧妙地纳入"预设的轨道"，使"预设"和"生成"这一对矛盾在课堂反思中和谐统一起来。可见，"预设"和"生成"的矛盾性就要求我们每一位语文老师必须具有课中反思的意识和能力，掌握一定的应变技巧，因人而异，因事而定，因时而断，灵活应变，调动身心潜能，以便超常发挥，从而达到高效课堂的目的。因此，为使课堂高效，我们应当从以下两个方面进行反思：

第一方面，反思课堂活动的有效性。课堂教学过程就是师生、生生的活动过程，课堂离开了师生、生生的活动就不能成为课堂。因此，在课堂上，我们要时时反观课堂活动是否贯彻了"以活动促学生发展的理念"，是否适合学生的兴趣需要和语文学科特点，是否充分考虑到学生动手操作的需要。

第二方面，反思课堂上的参与度。在课堂教学活动中，语文老师要深入反思学生的参与程度，学会"观察、倾听和交流"：观察学生的学习状态，从而调控教学，照顾差异，发现"火花"；倾听学生的心声，尊重学生的个性；既要进行认知交流，又要进行情感交流，既要通过语言交流，也要通过表情、动作来实现交流。

综上所述，在新课标背景下，初中语文要想从根本上得到快速发展，使初中语文课堂建设具有高效性，身为一名合格的语文教师，就要从本质上认识到自身的不足，不断加强自身的文化修养以及知识水平，将创新意识融入教学过程之中，从根本上认识到初中语文课堂高效性的重要性以及必要性。除此之外，还要培养学生对语文的学习热情，为学生确立高效的发展目标，在课堂中积极将高效性引入到学生思维、课堂内容之中，为构建初中语文高效课堂奠定良好的基础，从根本上提高初中语文的教学质量，促进教育事业的可持续发展。

二、有效设计教学目标

随着课改的逐步深入，新课程标准提出了要培养学生核心素养的要求。核心素养的培养已变成语文教学的中心环节，我们的语文教学都应以核心素养为中心来开展。

阅读素养是语文素养的核心，培养阅读能力是语文教学的重中之重。我们的教学是否能够发挥培养学生阅读能力的作用，个人认为，关键在于是否有优秀的教学设计，而教学设计的核心要素则是教学目标。可以说，教学目标是课堂教学的起点，也是课堂教学的归宿，它是课堂教学的核心，是语文教学

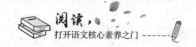

的灵魂。教学目标决定着"教"与"学"的开展情况，教学目标的设计要清楚、具体、准确，要体现课文的特点，还要适合学生的年龄特点和认知水平。中学语文教学目标的设计应该遵循初中生生理心理的发展规律，老师要掌握好学情，要突出以学生为主体的教学原则，不能照抄教参，也不能千篇一律，因为这样只会产生一堂低效甚至无效的语文课。所以，一堂优质高效的语文课必须设计有效的教学目标，教学目标的有效性直接影响到每一次教学的效果。因此，教师要增强课堂教学目标设计的意识，明晰课堂教学目标设计的程序，实现有效教学。

教学目标的设计要从学生实际出发。正确的有针对性并适合学生的教学目标对语文教学会起到积极的指导作用。但是在设计教学目标的过程中，往往会出现很多问题，有的老师会偏重知识的传授而忽略能力的培养，有的老师又会只重能力培养而忽视知识传授，顾此失彼。如果设计的教学目标空泛不具体，既不能对教学起到指导作用，又不利于教学的顺利进行。那么，该如何进行教学目标的有效设计呢？笔者认为，教师首先要熟悉掌握新课程标准的要求，然后根据学生年龄、生理、心理特点设计教学目标，教学目标设计既不肤浅也不深奥，要适合学生的实际需求。同时要进行学情分析，学生掌握了什么，有了什么基础，包括学生的学习特点、方法、习惯、兴趣等，老师都要做到心中有数。

教学目标的设计要根据教材内容而定。教学目标的设计首先要明确教学范围、教学内容、教学重点和难点，要引导学生自主积极地参与到教学过程中；其次，教学目标要确定教师的教学步骤、教学环节，指导教师有条理的去完成教学任务。老师要了解每篇课文在每个单元里的位置，认真分析每篇课文与其他课文不同的地方，分析课文的特点，教学的各个环节围绕教学目标来制定。做到有效的提问、有效的朗读、有效的感悟和有效的迁移，这才算是有效的教学目标。

　　教学目标的设计要紧扣课程标准。制定教学目标，还要充分考虑课标的要求，要紧紧扣住课程标准。语文版八年级上册第四单元所选的四篇课文都是小说，艺术价值极高。《课标》有明确要求"欣赏文学作品""能设身处地地体验和理解作品""对作品的思想感情倾向作出自己的评价""品味作品中富于表现力的语言"。由于七年级上册已经安排了一个小说单元，学生已经初步了解了小说的特点，因此本单元则是在这个基础上加深学生对小说这种题材的认识，学会分析人物的语言、动作、外貌、心理，并能概括情节。老师应教会学生分析人物形象等的一些规律和方法，让学生能概括人物的特征并能对人物作出自己的评价，理解小说的主题，品味小说中精彩的语言。因此，老师在教学本单元时，要尊重学生的阅读体验，鼓励学生提出疑问发表自己的看法。教法上，根据学生不同的年龄特点和知识水平，多采用启发式，让学生自己展开分析和思考。

　　以语文版七年级下册《巨人和孩子》为例，这篇文章所在的单元是一个童话单元，该单元有较强的思想性、艺术性、可读性，因此教学过程的设计要结合教材内容和学生认知结构的实际情况来安排。前一篇课文《地毯下的尘土》重在引导学生整体把握，而《巨人和孩子》则宜引导学生分析文章结构，概括各部分内容，培养学生的概括能力。那么这一课的教学目标可以确定为：（1）在整体把握的基础上，理清文章结构，概括各部分的内容。（2）体会"爱心能给世界也给自己带来美好和欢乐，自私则会给世界也给自己带来不幸和痛苦"的道理。课文不同，课文在单元里编排的位置不同，讲法就不同，目标设计也就不同。不用每篇都用同样的讲法：分段、归纳段意、总结中心意思、写作特点等。而教学语文版八年级上册第一单元《周庄水韵》一文时，首先要了解单元特点，了解这一单元的四篇课文都是游记，四篇游记写法又各有特点。前一课《巴东三峡》一文是按时间、空间顺序来记叙的，文章记叙了游历的全过程，而《周庄水韵》则记叙了三次游览周庄所见的不同景色和作者的感受，语言清新优美抒情性强，教学时应该引导学生细细品味。因此"品析语言，体会感情"就是本课教学目标之一。至于游记的特点，因为在前一课中已经学习过，就不必再做详细讲解，否则会显得重复烦琐，浪费有效的课堂教学时间。当然，设计教学目标要学会取舍。每堂课都要有每堂课的侧重点，侧重训练学生某一方面的语文能力。知识、技能、情感这三大板块，教师在开展每一项教学活动时，心中都要清楚是为了实现哪个能力目标，这样在实施教学活动时才不至于带有盲目性、随意性。每一堂课，每一篇课文，教学目标不要面面俱到。哪怕一堂课就只有一个教学目标，学生有所获有所得才是我们的目的，教学目标过多，面面俱到，学生反而什么也记不住，这样的课堂将会是无效的。如教学《〈论语〉十则》，因为《新课标》明确要求考查学生记诵积累浅显文言文的过程，所以教学这篇课文是要求学生理解背诵即可，对词法句法等文言知识，则要照顾学生的年龄特点，不要求过多涉及，只要能凭借注释和工具书理解诗文大意即可。

我们可以通过教学目标的设计打造优质课堂。这就要求我们在设计教学目标时，要抓住课文的特点。其实无论什么样的语文课，都有对学生进行听说读写能力的培养。就朗读能力而言，每一篇课文都可以培养学生的朗读能力。《背影》一文的教学，由于它是记叙性散文，因此在朗读时就要读得清晰流畅，感情充沛。课文文体不同，读的方式就不同。记叙文和散文的朗读重在读出情感，议论文的朗读注重读出文脉，不读破句。又以语文版八年级上册第三单元的四篇议论文为例，这几篇文章都是名家作品，但是每篇又都风格各异。《纪念白求恩》

高屋建瓴,《谈语言》大雅似俗,《最苦与最乐》语重心长,《懒惰的智慧》生动有趣。设置本单元的意图,是要使学生初步了解议论文的特点,学习阅读议论文和写作议论文的方法。抓住课文的特点设计好教学目标,老师的教学才得法,学生学习也才有所获。同时,陈述教学目标要具体清晰。陈述教学目标,其行为主体是学生而非教师,应当陈述学生怎么学、怎么做、达到的学习效果,而非陈述教师怎样教。因此教学目标的陈述应该是具体明晰的,不应该是抽象和模糊的,不能大而空。那种"培养学生……""使学生……"等陈述方式,不符合教学目标陈述的要求。所以在设计每一堂课的教学目标时,尽量不要用"培养""使"等词语,而应用让学生能够操作的一些词语比如"找出""说出""背诵"等。当然,目标制定了,还要有恰当的教学方法,才能有预期的效果。每个课时有每个课时的重点,如果是侧重朗读,那就要指导学生读得清楚流畅,读出情感,让静止的文字活起来。教学过程的设计没有什么固定的模式,而是富有创造性和个性色彩的,要根据学生的情况和教师的情况灵活设计,最后,我们要当堂检测教学目标。教学目标是否完成也可以是当堂能够检测到的。笔者在教学《花儿为什么这样红》一课时,教学目标设置为:(1)理清文章结构;(2)学习从多角度说明事理的方法,体会说明文语言的准确、严密;(3)激发学生探索自然奥秘的兴趣。在教学过程中设计问题:读课文,分析为什么这样写?请学生思考并回答:(1)多角度说明的好处是什么;(2)按逻辑顺序安排结构的好处是什么;(3)标题的好处是什么。有效的提问可以指导学生对文本进行有效的研读。一堂课上完了,为了检测教学目标是否达成,也为了加深学生的印象,笔者采用了课堂提问和读写结合的方式进行检测。其中,笔者设计了一个环节,让学生以"我们的校园"为题写一段话,要求采用恰当的说明方法和说明顺序，条理清楚地进行说明。最后呈现的结果是每个学生都完成得很好。教学目标是否达成，教师最后在课堂上或者课堂下应有验证和检测的环节与之呼应，而提问、小练笔、作业、测验等都能检测教学目标的达成。

总之，我们在设计中学语文教学目标时，首先要关注文本，把握文本的特点，每一篇课文，可教的东西很多，要学会取舍。美国著名教育家、心理学家布鲁姆认为"有效的教学始于准确知道希望达到的目标"。教师只有认真钻研教材，用心分析学生情况，正确解读文本，有效设计教学目标，做到有的放矢、有所侧重，才能让学生每堂课都真正有所得，我们的语文课才能扎实有效，也才能让有效教学走向优质教学。

三、找准文本解读的合适角度

部编版语文教材采用"人文主题"与"语文要素"双线组织单元的结构，重新确定了语文教学的知识结构。每一单元有四到五篇文章，大部分都是相同的体裁，每篇课文都有许多相同之处，但是又具有鲜明的个性，老师应立足文本特点，紧扣文体特征，抓住文章的体裁、结构、思路、题目等特点来进行教学设计，实现高质量的教学，最终发展学生的语文素养。

教学时，要把握好一个单元每一篇文章的共同点，才有利于学生整个单元的学习。比如教学说明文单元，一定应关注文章的说明顺序、说明方法、语言特点。记叙文单元，概括文章内容、赏析文章语言、把握文章情感等是老师需要讲到的地方。议论文单元，论点、论据、论证方法要分析清楚。也就是说，记叙文讲述故事，说明文介绍事物，议论文表达观点，每种文体有共同点，老师要把同类体裁文章的共同点找出来，以此为依据进行教学设计。以课文作为例子，引导学生阅读同类文体的文章。不同文体，如童话、小说、古诗、记叙文等文章，教学方法显然不同。在课堂上教什么和怎么教一定要根据文章体裁而定，通过不同文本的教学，指导学生学会阅读同类体裁的文章。只要老师用足用好教材，一定会收到较好的教学效果。

按照文体特点进行教学，这也不是说要用千篇一律的方式去教学课文，那样老师觉得很无趣，学生也会感到很厌烦。每一篇文章都有独特的价值，我们教学的着重点就应该有所不同。即使是说明文，也要发现它独有的特点，有的说明文语言充满了艺术性，带有散文的特征，那么，对文章语言的赏析也是我们教学的重点。

也就是说，同类文体的文章，老师要根据文本自身具备的特点开展教学。《藤野先生》是鲁迅的回忆性散文，属于记叙文的范畴，在教学时如能抓住几个重点词句，在学习的过程中引导学生层层深入地感悟、思考，则可以很好地理解文章内容，达到很好的教学效果。比如：课文中有一句"实在标致极了"，你是怎样理解"标致"一词的？作者抓住了哪些抓住了哪些特点来描写藤野先生的？这样从字词入手引导学生深入理解人物形象。有的记叙文，我们可以针对文中的一些故事片段，让学生分角色表演，对故事进行演绎。比如《犟龟》一文，为了体验犟龟坚持不懈的精神，可以让学生进行课堂剧的表演。有的课文可以设计问题，激发学生思考。比如：曾经我在教学《鱼我所欲也》一课时，设计了如下问题：作者"所欲""所恶"分别指哪些事情？"本心"指的是什么？让学生通过对这些问题的思考，深入理解"舍生取义"的深刻含义。有的课文可以借助多媒体，增强教学的趣味性。比如：教学《中国石拱桥》一文，我用多媒体播放关于国内一些著名桥梁的画面，引起学生的兴趣，避免了教学说明文的枯燥无味。

同样是记叙性文体，我在教学《春》一文时，让学生反复朗读，体会感情、赏析语言。而在上《背影》一课时，则通过任务清单的方式将学生要解决的问题罗列出来，让学生通过合作探究解决问题。文言文的教学，除了疏通课文大意、赏析字词和把握情感之外，不同的文言文也有它自身的特点。比如：短小精干的文言文《答谢中书书》，我考虑到学生在理解上有难度，于是采用小组合作的方式，让学生对课文内容进行探讨。而教学文言文《三峡》，则把重点放在赏析文章的优美清新的语言上。我首先用多媒体播放三峡风光图片激发学生的学习兴趣，再让学生反复诵读课文。为了解决课文中抓住特征描写景物的方法，我设计了两个问题：1. 作者写景运用了哪些方法？从而指导学生理解正面描写和侧面描写相结合、动静结合的方法。2. 写四季风光为什么从"山"写起？为什么不从春夏秋冬的顺序来写？以此引导学生对文章进行品读，让学生更好地理解写景散文的语言特点、写作手法，理解文章的布局。

以新闻通讯稿这种文体来说，它最鲜明的特点就是语言文字的表达。教什么，怎么教，老师的教学目标非常重要。由于它的用语比其他文章更讲究，我们在教学时要紧扣教材，立足文本探究语言文字的特点。比如：我在教学《我三十万大军胜利南渡长江》这则消息时，我就在思考：怎么让学生既能体会到新闻通讯稿的语言特点，又能从字里行间体会到我军的英勇形象呢？经过认真研读，我找到了文本可教的"点"。我发现这则消息中有一些值得去品味的句子：比如"万船齐放"写出我军参战部队之多，动用船只之众，"直取对岸"表现了人民解放军排山倒海、一往无前的战斗场景，"突破敌阵"表现战斗经过，摧垮了敌阵，"不到二十四小时"，显示人民解放军攻击强度之高，无坚不摧，"现正向繁昌、铜陵、荻港、鲁港诸城进击中"一句指出了事件的发展方向和战斗正向纵深发展的可喜情况。这些句子，为文章增加了雄浑激荡的气势。消息讲究准确、凝练，但不等于没有文采，老师不是一味干巴巴的讲析新闻通讯稿的特点，而要引导学生去品味词语和句子，这样可以更好地体会在字里行间流露出的作者的心情以及全文显示出冲天的气势和豪迈的气概。

　　教材就是一个"例子"，但每一个"例子"都有它独特的文本价值，有的在于结构的精巧，有的是语言的优美，有的是情节的曲折，有的是表达的巧妙。每一个文本的可读性和教学着力点是不一样的，教学时切不可面面俱到，老师要用心研读文本，结合文本具体特点，找到文本解读的合适角度，改变阅读课千篇一律的老套模式，真正做到让学生"一课一得"，着力打造高效课堂，从而让我们的教学锦上添花。

四、尊重学生的个性化阅读

　　抓住文本特点进行教学，我们就要尊重学生对文本的个性化理解。新课标指出："阅读是学生个性化行为。应让学生在主动积极的思维和情感活动中，加深理解和体验，有所感悟和思考，受到情感熏陶，获得思想启迪，享受审美乐趣。要珍视学生的独特的感受和理解。"我们在教学中，要把阅读的主动权、表达的主动权还给学生，给学生提供舞台让学生得到展示。

　　阅读课要让学生成为文本解读的主角，教师要尊重学生的个性化阅读，倡导学生对文本进行多元化解读。《语文课程标准》指出"学生对语文材料的反应往往是多元的。"这决定了老师在教学时不仅要尊重学生对文本的多元化解读，还要给学生的多元解读提供平台。这对语文老师来说是个难题，它不仅需要老师潜心钻研文本，读出文本的深意，还需要老师充分关注学生。当学生对文本有更多理解的时候，老师要有足够的教学智慧去捕捉学生思维的火花，还要求老师要调控好课堂的节

奏和方向。如果课堂上没有把控，课堂则会乱成一锅粥。

对文章主旨的理解，要鼓励和倡导学生进行个性化的、多元化的解读。学生阅历不同，成长背景不同，认识不同，个人喜好不同，对文章主题就会有不同的理解。可能有的学生对文章主题的理解也不是原文作者要表达的，而是学生自己得出的结论，这就是多元化阅读，这也正是阅读的魅力所在。这就好比是"一千个读者有一千个哈姆雷特"，老师要给学生提供多元化阅读的平台，要有开放的教学方式，让学生敢于表达，乐于表达。因为老师的解读再深刻，也不能代替学生本身。老师要充分尊重学生的个性化阅读，要引导学生在文本中挖掘丰富的内涵。

当然，尊重学生的个性化阅读，倡导多元化解读，也并不是在学生各抒己见以后就了事作结，老师的任务就是要在学生表达自己的观点以后，作分析、作引导，让学生进行有规范的阅读。教师应作正确的价值导向，尤其要在真与假、美与丑、善与恶等是非问题上旗帜鲜明，在价值观和世界观上对学生作好引导。这就好比哈姆雷特就是哈姆雷特，无论你怎么去解读，他也只能是哈姆雷特，不可能把他解读成林黛玉、保尔·柯察金或是其他的什么人。老师要引导学生正确有效的解读文本，发现文本的深刻内涵，而不是让学生随心所欲、漫无边际的乱读。

我在教学《植树的牧羊人》时，就在文章主旨的多元探究方面做了探索和尝试。对于《植树的牧羊人》一文的主旨，教参书是这样表述的："本文主旨的解读，可以是多方面、多层次的，要鼓励学生多角度地思考，得出自己的理解。"我在教学此文时，让学生合作讨论：一位老人，靠一个人的体力和毅力，把荒漠变成绿洲，为他人创造了幸福。那么，牧羊人自己幸福吗？为什么？此问题一提出，真是一石激起千层浪，学生对这个问题兴趣很浓，讨论的热情异常高涨。其实之前我在教学时用了大量的时间去讲解了牧羊人是个如上帝般伟大的人，他凭一己之力将荒原变成绿洲，他做到了上帝才做到的事。但是现在看得出来学生并没有理解、并不是很赞同我的说法，或者是在被动地接受我的解读。经过一番讨论之后，学生们纷纷发表自己的"高见"。

学生张海楠答道："我觉得牧羊人不是幸福的人，因为书里说了，他失去了独子，妻子也去世了。他的亲人都失去了，怎么会幸福呢？"学生朱凯男说："我也觉得他不幸福。因为他很多时候都感觉是孤独、痛苦和绝望的，所以他不是个幸福的人。"学生田再毅说："书中有句话说他'平静地看着日子一天天地流走'。说明他生活没有目标，无所事事，他种树是为了打发时间。他的生活没有快乐，所以他不是幸福的人。"不少的学生都觉得牧羊人一个人的生活很孤独、很清苦，不认为牧羊人是幸福的人，他之所以植树是要找点事情来打发时间。当然也有学生回答说牧羊人不计得失、无私奉献，为人们创造幸福的生活。学生们的回答，让课堂呈现出了百花齐放、百家争鸣的精彩。

对学生们的各种回答，我深感理解。七年级的学生，生活阅历浅，要让他们一下子抓住课文主旨是有难度的。老师在教学中，应充分尊重学生的个性化阅读。不能因为学生的回答不符合正确答案就直接否定或者一棍子打死。老师要引导学生在与文本交流、与同学交流、与老师交流的过程中，提升学生对文本的理解，深化对主题的认识。这种引导，是引导学生认真阅读文本，是由老师带着学生在文本中"走几个来回"，"字字未宜忽，语语悟其神。"引导学生充分品读文本中每个字每个词背后的意味。

我的做法是这样的，我说：刚才有学生找到了文章中的这句话"平静地看着日子一天天地流走"，在这样孤独、痛苦的绝境中，牧羊人决定干什么？他为什么这样做？学生很快找到了句子，回答到"牧羊人动手种树，因为'没有树，就没有生命'"。我顺势引导说：是的，他开始种树。在绝望孤独的境地中，他选择了创造生命。他没有因为环境的恶劣、生活的艰难而厌弃生活，哪怕自己是家破人亡，无论身处怎样的环境，他没有放弃，没有抱怨，反而选择了创造生命，可见牧羊人对生活的热爱，这种对生活的热爱也表现在牧羊人对待平日生活的点点滴滴。比如：文章前面描写牧羊人一个人生活在石房子里，但他却能把房间打扫得干干净净，还有"这块地是你的吗，她摇摇头说，不是。那是谁的地？是公家的，还是私人的？"一句中"摇摇头"一词刻画了牧羊人毫不在意的状态，表现了他无私的品格。

我更进一步作引导：人生的价值在于对社会的付出而并不在于索取，生命的意义不是名和利。功名利禄绝不是幸福的源泉，而对信念的坚守、毅力的坚持、对社会的付出才是幸福之源。牧羊人就是这样的一个人，他坚守自己的信念从不动摇，他为千千万万的人造福，他的行为是无私的、慷慨的，这种奉献和付出，就是他的幸福。他的精神是值得我们学习的。这就是"赠人玫瑰，手有余香"，当我们为他人带来幸福的时候，其实也是我们最幸福的时候。牧羊人对今天的我们来说，是有意义的。当我说完这段话的时候，全班响起来热烈的掌声。我知道，学生们接受了我的表达。我也相信，我的这段话对学生人生观、价值观的形成一定会起到有益的、深远的影响。

我们的语文教学要提倡多元化的解读，让阅读成为学生个性化的行为，让学生在多元化的解读中，张扬个性，完善人格，养成正确的人生观和价值观。我们的语文老师也应该用好多元化阅读的平台，塑造学生良好的语文素养、养成学生优秀的人文精神。

五、重视"教读"和"自读"的课型区分

通常，语文教材里的课文分为"教读"和"自读"课。一般情况下，在教学中，语文老师非常注重教读课文的教学，会花很多时间和精力去分析、挖掘课文。但是，如果老师只重视对教读课文的反复操练，忽略自读课文的特点，要么把自读课上成教读课，要么对自读课文忽略不讲，"教读"和"自读"的课型没有变化。这种为教而教，没有让学生独立思考，没有教给学生如何概括文章内容、如何提炼文章主题的技能，那么，学生自身的读书能力也不能得到应有的培养。

著名教育学家叶圣陶先生曾说过，就阅读教学而言，只注重精读，忽略了自读与课外读，功夫便只做了一半。那另外一半是什么呢？那就是，自读与课外读。

部编版语文教材加大了精读和略读两种课型的区分度，并且改精读为教读，改略读为自读。部编版的自读课文设置了助读系统，有注释、旁批、阅读提示、读读写写、补白等，形式多样，学生可以针对课文的关键处做精要点评，而"阅读提示"配合着单元重点或选取文章的独到之处进行指导，不设置课后作业。这些改变意味着自读课文不是学生随心所欲的自由散漫的阅读，而是一个在老师指导下进行的有目标的训练过程。

也就是说，教读课注重教师的示范引领作用，教师是主导学生是主体。它强调教，目的是学"法"；自读强调学生自主的学，目的是用"法"。教读课文的作用是给例子给方法，是"举一"，自读课文是"反三"。要求不同，目的不同，课型不同，老师就应该用不同的教学方法进行教学。

如何进行自读课的教学呢？首先要确定教学内容，结合单元教学目标和课文内容来确定，让学生自主阅读、自主探讨。

部编版教材每一篇自读课文都有不同的"阅读提示"，老师可以根据"阅读提示"带领学生进行自主阅读。如：《走一

步，再走一步》的"阅读提示"是："默读课文，勾画出文中标志事件发展和描写'我'不同阶段心理活动的语句，试着复述这个故事。""阅读提示"指导我们用什么方法怎么去阅读课文，是对阅读方法的提示；《再塑生命的人》的"阅读提示"是："阅读文章，要关注标题，尤其是那些能揭示主旨的标题。本文题为《再塑生命的人》，为什么要'再塑'呢？谁来'再塑'生命？如何做到的？带着这些问题阅读课文"，这也是对阅读方法的提示；《动物笑谈》的"阅读提示"还推荐了拓展阅读的篇目。《女娲造人》则补充阅读材料，让学生进行比较。

再以《雨的四季》为例，谈谈"教什么"的问题。

首先阅读这篇课文所在单元的"单元说明"："学习本单元，要重视朗读课文，想象文章描绘的情景，领略景物之美；把握好重音和停连，感受汉语声韵之美。还要注意揣摩和品味语言，体会比喻和拟人等修辞手法的表达效果。"而这些能力在本单元前两课《春》和《济南的冬天》都得到了反复的练习。

接下来，看看本课的"阅读提示"："文中的四季之雨，容貌有别，性情各异。作者用诗一般的语言，调动我们的各种感官，从视觉、听觉和嗅觉的角度描写雨后的时间，带给我们全方位的感受，请再找出这样的语句，朗读并细细品味"。根据单元教学目标、本课的位置及"阅读提示"，可以确定本课的教学目标为：1. 有感情地朗读课文，在诵读中体会语言之美；2. 分析雨的四季不同的特点，体会作者的感情。因为前两课已经学习过比喻和拟人的修辞方法，这一课中要进行复习，所以要让学生自行品味精彩语句。

部编版采用"人文主题"和"语文要素"双线组织单元结构。老师在教学时可以选择相同体裁的文章进行比较阅读。可以在文章的主题、叙述方式和情感体验等方面进行比较阅读。比如我在教第一单元时，《春》《秋天的怀念》《雨的四季》《济南的冬天》都是描写季节的散文，那么每一篇文本的季节有什么不同特点、分别从什么角度描写四季的，作者都有哪些不同的感受等方面进行对比教学，比如，我曾这样设计问题：复习朱自清《春》的相关段落，说说作者是怎样运用多种感官描写春风的。找出《雨的四季》中运用这种写法的段落并进行批注，和小组交流。

教学自读课文则应该重在引导"用法"，要有充足的时间留给学生独立阅读和思考，方式上要以学生自读自悟为主。如八年级上册自读课文《昆明的雨》的设计思路是：1. 回顾本单元散文的学习，自主学习课文，了解昆明的雨的特点。2. 复习巩固圈点批注的学习方法。3. 体会作者的思想感情，理解本文的人文内涵。4. 对比阅读《雨的四季》。

自读课文不设置课后练习，就是渗透让学生对课文进行独立阅读、自主阅读的理念，并将教读课文中学到的阅读方法应用于自主阅读实践。如何引导学生在有限的时间内进行有效的阅读，老师提问的有效性就显得尤为重要，这就要求教师必须认真钻研课文，对学生的自主阅读进行必要的规划和指导。自读课文中的旁批随文设置，主要是为学生自主阅读提供思考，或点拨重点、疑难、精妙之处，有利于更好地放手让学生去读，从而培养学生良好的阅读习惯。

教无定式，学无定法。教读和自读是阅读教学两种不同的课型，有不同的教学功能，教师要深入理解两种课型的内涵，做好自读课的教学，了解它的课型特点，理解它和教读课文的关系，才能更好地培养学生自主阅读的能力，最终完成"教是为了不教"的目的。

六、说明文阅读教学的指导

在语文阅读教学中，记叙文、议论文、说明文是教学的三大文体。但是，在实际教学中，许多学生喜欢学习记叙性文章，觉得说明文枯燥乏味，不如小说、戏剧、散文生动，有的老师也在教学说明文时蜻蜓点水、草草了事。说明文的教学出现了老师不重视、学生也不愿学的尴尬局面。其实，说明文与我们的生活有非常密切的关系，它有鲜明的知识性和显著的实用性。叶圣陶先生曾说过："说明文不是板着面孔说话，说明文未尝不可以带一点风趣的。"所以，语文老师要认真地钻研说明文的教法，在进行说明文教学时换一种方式来进行，加强说明文教学的形象性和趣味性，调动学生的学习热情，更好地让学生在学习中发展能力。

（一）精心设计课堂导入，激发学生的学习兴趣

说明文的写作目的是为了实用，它的语言大多是比较质朴平实的。因此设计好的导语尤其重要。"好的开端是成功的一半"，魏书生老师说过："好的导语像磁铁"。课堂导入很重要，短短的几分钟可以激发学生学习的欲望。我在教学《花儿为什么这样红》的时候，我曾用过电影《冰山上的来客》中的一首歌词导入，也曾做一个小实验，向两个分别有石灰水和稀盐酸溶液的透明玻璃杯里滴入几滴酚酞溶液，一会儿，学生发现一个杯子里的溶液变成红色一个变蓝色。这些方式导入课堂，学生充满兴趣，课堂气氛一下子就活跃了。

（二）充分利用多媒体，增强直观的效果

在说明文教学时，可以充分运用多媒体，图片展示、播放视频的方式都可以用来辅助教学。比如《桥梁远景图》这一课时，我的教学目标之一就是"了解我国桥梁的辉煌成就"，在教学时我给学生展示了一些我国桥梁建设取得辉煌成就的图片，诸如上海南浦大桥、卢浦大桥、英国福斯桥等；教学《海洋是未来的粮仓》一课时，我给学生展示大海、沙滩的美景，展示旅游胜地海南的迷人风光，引起学生对大海的向往，又出示很多海洋资源的图片，让学生充分认识海洋资源在人类生活中的重要性，加强学生的"海洋意识"，从而力争让课堂丰富又富有趣味。

在教学《花儿为什么这样红》时，为了培养学生探索自然奥秘的兴趣，我给学生出示很多自然奥秘的图片，如"为什么会藕断丝连""枫叶一到秋天为什么会变红""黑色的花为什么很少见"，让学生知道自然界有那么多奥秘，都需要我们去探索去发现。在教学《苏州园林》时，也运用多媒体，用动画展示亭台轩榭图、假山池沼图、花草树木图、门窗图，学生仿佛身临其境，一边欣赏一边赞叹，课堂气氛非常好。多媒体的运用，激发了学生学习的热情，丰富了学生的课外知识，增强了学习的兴趣，达到了很好的教学效果。

（三）揣摩语言，发现精彩

说明文的语言并不都是枯燥乏味的，也有生动之处，说明文用词的准确严谨值得我们好好地去品味。比如：《桥梁远景图》中写："桥是什么？不过是一条板凳"，这个句子就很生动形象，还有"几乎是才听说造桥，就看见一桥飞架了""让人们在这长廊中穿过时，胜似闲庭信步"等句子，分别用了比喻、拟人、引用等修辞方法，文章语言生动形象，富有文学色彩。当然，说明文语言最大特点是准确性和严密性，这也是它应有的美丽所在，老师要引导学生反复去体会它的妙处。

（四）合作探究

《语文课程标准》指出："学生是学习和发展的主体"，学生的一切所得都应该是建立在自主探究的基础上获得的。说明文该教什么？作为实用文体，老师要注重课堂教学中教会学生读懂文章。通过所教文章，让学生学会读这一类文章。如：《中国石拱桥》的教学，让学生分析第 1 段与第 2 自然段的关系；再分析第 3 段与后五段的关系；分析"赵州桥"与"卢沟

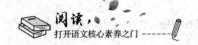

桥"的位置关系；最后分析"卢沟桥"的三个段落之间的关系。这样的分析，可以通过小组合作完成，让学生自主的学习，小组内互相探讨，课堂气氛热烈、活跃。学生通过合作探究，学会了怎样去阅读说明文，掌握了说明文的阅读方法。

（五）方法指导

阅读说明文，要发现并掌握文本的规律。老师要教给学生学会从文本中提取信息的技能，比如，圈点勾画关键语句，学会批注，找中心句等。学生通过提取中心句，能理清文章就结构，我在教学《花儿为什么这样红》时，就让学生寻找每一段的中心句，学生通过阅读很快发现一个现象，即每一段都以"花儿为什么这样红，首先有……花儿为什么这样红，还需要……"这样的设问句式开头，先巧妙设疑，引出说明中心，再用一句话概括，学生很快就理清了文章由主到次、由内到外的顺序排列，从而理出了文章的逻辑顺序。

（六）课外拓展，激发兴趣

中学生好奇心强，对新鲜事物很感兴趣，老师在教学说明时，如果每篇都是老调重弹，都是说明顺序、说明方法、说明语言，学生会很厌烦。我们可以采用迁移拓展的方法，激发学生兴趣。比如，我在上《花儿为什么这样红》时，让学生去认识自然界中的奥秘，我提前布置任务，要求学生在网上或者书上查阅相关资料，然后在全班交流。学生们纷纷将自己查到的资料进行分享，有的讲解为什么向日葵总是向着太阳生长、有的讲解为什么雨后的蘑菇特别多，有的还展示植物图片，课堂气氛很活跃，有效地完成了我的教学目标。在教学《中国石拱桥》时，我让学生运用一定的说明方法介绍自己身边的桥梁，比一比谁的介绍更清楚准确。学生的积极性很高涨。这种方式不仅激发了学生学习说明文的兴趣，丰富了学生的课外知识，还提高了学生的写作水平，取得了明显的教学效果。

加强读写结合　提高写作能力

一、激发写作兴趣

作文教学是语文教学的"半壁河山"。写作在考试中所占分数之高，让语文老师对作文教学不敢有半点松懈，都挖空心思变着方法让学生用练笔、周记、随笔、日记等形式进行训练。写作成了语文教师教育教学活动的重要部分。但是，作文没有固定的教法，更没有固定的写法。

在作文教学中，老师往往会发现学生不愿意写作文，大部分学生感到写作文时无话可写，没有素材，胡编乱造，乱凑字数，学生对周围的生活缺少观察和感悟，又缺乏必要的语言积累，写作对学生来说是一件非常痛苦的事。我认为，导致学生写不出作文、写不出好作文的因素虽然有很多，但是最重要的原因是学生将写作和生活剥离开来，找不到话写，因此对写作毫无兴趣。要改变这种情况，首先要培养学生的写作兴趣。只有当学生对写作感兴趣了，学生才愿意写作文。个人认为，老师可以从以下几个方面入手，尝试去培养学生的写作兴趣。

首先，充分运用现代化信息技术。现在，多媒体已经成了学校的必备设施。语文教师在教学中，要充分利用现代化的多媒体设备来激发学生的写作兴趣。比如：我在进行作文教学时，经常把学生的作文投影展示出来，一来让学生们看看作者的书写是否工整规范，有没有错别字，二来让学生们自己去品析作文的语言是否通顺，中心是否明确、有没有好词好句等。我感觉每次我这样做的时候，学生们都特别兴奋，我抓住时机，让学生们从作文标题、开头、内容、结构、结尾等方面对

作文进行点评，评判作文的优缺点，发言的同学特别多。学生们亲自点评身边同学的作文，这让他们很兴奋。他们说得很详细，点评也很到位。课堂气氛非常活跃，很好地激发了学生的写作兴趣。

其次，要贴近学生生活。学生写作文找不到话来写，其中还有一个因素，那就是学生没有素材。素材哪里来？从生活中来。"问渠那得清如许，为有源头活水来"。学会观察生活，学会思考，学生就会有所感悟，所思所感就可以成就学生的作文。个人认为，让学生写日记、写随笔的方式，是学生记录所思所感的好方式。我曾经让学生以"一张照片的故事"为题来写作文。要求要写照片中的人或事，可以怀念一个人，可以记叙一件往事，将照片夹在作文本里和作文一起交上来，学生很感兴趣。有的学生写了一家人出去旅游的往事，有的学生写了小学毕业照，在作文中怀念了小学时光，有个学生，平时作文不怎么样，这次写了和爸爸妈妈去爬金鼎山的事，语言生动活泼，妙趣横生。有个学生写了过六岁生日的时候拍照时的糗事，语言幽默风趣。所以，生活就是写作的源泉。有经历就会有话说，学生作文内容空洞，就是因为他们的作文脱离了生活。作文其实就是把我们身边的事情写出来，把平时的所见所思写出来。因此，我们在作文教学中要注意引导学生学会观察生活，学会从生活中提炼题材。相信如果坚持一段时间的训练，学生一定会写出有真情实感的作文。

屠格涅夫说过："生活是一切艺术的永恒的源泉。"从学生的实际生活出发，让学生认真观察事物，做生活的有心人，发现、捕捉写作素材，就能写出感情真挚，情真意切的作文。

第三，要加强语言的积累。课程标准明确指出：语文教学要丰富学生的语言积累，培养学生的语感。学习实际上就是一个不断积累的过程。"熟读唐诗三百首，不会作诗也会吟"，就是强调积累的重要性。学生要写好作文，积累素材是关键。学生必须通过大量的阅读来拓展自己的素材储备。"读书破万卷，下笔如有神"，多阅读课外书籍，可以间接了解中外政治经济文化，可以了解古今名人轶事。自己的知识丰富了，写起作文来就得心应手。那些经典作品中的很多案例、语句，都是学生积累的好素材。一篇好的作文，一定不能没有好句好词的润色，优美的语句可以为文章增色。俗话说："巧妇难为无米之炊"，没有材料，即使是能工巧匠，也无法制造出精美的器物。同样如此，中学生自己发明创造不出华丽的语句来，只有靠多摘抄来进行积累。老师要指导学生在阅读作品时，将看到的成语、名人名言，座右铭、歇后语、古诗句等进行积累，学会运用到自己的作文里，使自己的文章锦上添花，让自己文章的语言也丰富漂亮起来。我在教学中，特别注意检查学生摘抄的情况。不仅仅要求抄得整齐干净，更要检查学生摘抄的内容是否实用。不能让学生为了交作业而抄，而是要求学生摘抄简短好记忆的句子，这样学生容易记在脑海中，在写作文时从大脑里"拿"出来使用，真正做到"学以致用"。我经常指导学生分门别类地进行摘抄。比如分别摘抄以"勤奋""读书""坚强""毅力""爱心""奋斗"等为话题的好句子或好素材，学生在进行分类摘抄的过程也是一个思维训练的过程。积累的材料丰富了，不论遇到什么样的作文题，学生都不会感觉找不到话写，平时积累的素材和好句好词就显出了它的作用。

第四，评改方式要灵活多样。老师批改学生的作文，目的在于让学生克服不足、扬长避短，提高写作水平。传统批改作文的方法是学生把作文交上来，老师要进行为期一周的批改，然后还要花一节课甚至更多的时间进行讲评。多年来的实践证明，老师花了不少心血和时间精批细改学生作文，学生写作水平的提高却收效甚微。不仅如此，为数不少的学生根本不看老

师的评语，只看看分数就了事。因此，怎样实施有效的作文批改，这是语文老师应该思考的问题。

我认为，老师批改学生的作文时，评改方式要灵活多样。首先要多鼓励，尽可能发现学生作文中的优点，对每一篇作文采用个性化的评语，千万不能使用老套的、模式化的、千篇一律的评语。什么"中心明确""层次清楚""选材得当"等语言，对每个学生的作文都这样写批语，学生怎么会愿意去看。老师要评出学生作文里的亮点，哪怕学生作文中只有一个优点，或者只有一句富含哲理的语言，只有一组用得好的排比句，或者只是标题用得好、开头写得好，或者能够引用名人名言等，这些都值得表扬，值得鼓励。老师还要善于运用课堂讲评这个平台，把学生中有亮点的作文都拿来作为范文讲评，针对性地点评出他的优点，如：排比句用得漂亮，修辞手法运用恰当，景物描写为文章增色，名人名言的引用增强了文章说服力，文章的小标题结构使文章层次很清楚等，老师都可以详细点评。多表扬学生的优点，肯定他作文中的某一方面，即使只是书写工整规范，都值得老师表扬。对写作能力差的同学，老师不能点名道姓，不能挖苦讽刺，只指出存在的问题即可，避免打击学生的自尊心。而对于班级大范围出现的普遍性的问题，老师要重点讲评重点指导。

其次让学生自评、互评，让学生变被动为主动，成为批改的主人。学生写好作文后，让他们自己发现问题并解决问题。当然，老师要提前做好相应的指导。我的做法是，提前给学生们分析讲解，一篇优秀作文要具备哪些要素，写出一篇好的作文需要在哪些方面下功夫。作文的标题、开头、语言、内容、结构等方面进行指导。文章的标题是文章的眼睛，好的标题或提示文章内容，或一语双关。文章的开头要新颖，语言要简洁优美，文章内容要充实，选材要得当，根据中心进行生动的细节描写，结构可以是传统的三段或四段式结构，也可以是小标题式、日记体等形式，结尾要注意点题、扣题，或总结或升华。让学生明白，优秀的作文一定包含了好的标题、开头、内容、结构、结尾等。指导学生从这几个方面去批改自己的作文。学生们把作文展现出来，与同学互相交流、共同进步。这样的方式学生很喜欢，他们在批改的时候很认真，非常仔细，他们会认真思考作文的标题好不好，是否有好句好词，是否点题、扣题等，都能一一作好批注，一旦发现有不通顺的句子，会立即勾画出来并纠正，看到优美的句子也勾画出来并做好旁批。批改完后签上批改者的名字、写好日期。当学生们批改完后，再将作文收上来，我会进行审定，并发表我的看法和意见。对写得好的作文和评语写得好的学生，我都会进行各种方式的肯定和表扬，有的增加操行分，或者评选出"写作之星""写作能手"，或者张贴学生的习作等。这种方式学生们非常感兴趣，热情很高。其实这个过程就是一个生生互动、师生互动的过程，它充分发挥了老师的主导地位和学生的主体作用，培养了学生独立思考、独立分析的能力。瑞士心理学家皮亚杰说过："所有智力方面的工作都有依赖于兴趣"。当前，在学生学习任务重，课程多压力大的情况下，老套的作文教学模式，一味贪多的让学生进行作文练习，势必会扼杀学生的写作兴趣。老师要消除学生怕写作文的心理，让学生乐于笔耕，体验写作的快乐，就要采用多种方法去鼓励学生，激活我们的写作课堂，诱发学生写作兴趣，使学生对写作从害怕变成喜欢，这样，才能写出情真意切的好作文。

二、重视阅读，加强积累

阅读和写作永远是一对孪生姐妹，要说提高写作水平有什么捷径的话，那就是多读书、读好书。阅读是写作的基础，写

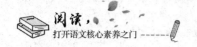

作是阅读水平的外在体现，两者相辅相成，相互促进。他们的紧密结合是提高语文教学的重要途径。杜甫就说过："读书破万卷，下笔如有神"。但是在实际教学过程中，不少老师的教学只注重对课文内容的分析和理解，不注重在教学中对写作方法的渗透。在写作教学中，往往也只是单纯传授写作的技巧。阅读教学与写作训练是脱节的。大家都知道写作水平的提高离不开语言的积累，为了积累语言，老师都会要求学生多阅读。因此，老师在教学中应把阅读和写作紧密联系起来，要将阅读中学到的方法和技巧运用到写作之中，让教材里的课文成为指导学生写作的有力武器。

课堂教学是学生进行语言积累的重要途径。我在日常教学时，会要求学生准备一个摘抄本，将平时阅读时见到的各种优美的语言、名人名言、古诗句等好句好词都摘抄下来并进行反复的阅读，把它记在大脑里，写作文时，从自己的脑海中"拿"出来运用到作文中。如散文《春》《紫藤萝瀑布》等课文中，有很多优美的句子都可以让学生摘抄下来并熟读成诵。

语言的积累是一个缓慢的过程，只凭课堂上的积累还远远不够，老师要鼓励学生多阅读课外书籍，在课外阅读中积累语言。课外阅读的途径有很多，可以是古今中外各种名著中的经典语句，可以是优秀作文书籍，还可以是报纸。当然，并非读得多就能写出优秀的作文，在书海中我们要学会选择，要读有思想、有内涵、有深度的书籍，世界名著、古代经典就是好书中的好书。从提高中学生的写作水平来说，有针对性的阅读更为重要。我在教学中，每周有一次"作文赏析课"，我会提前告知学生带上已有的作文书，选出自己喜欢的作文并在课堂上朗读推荐给同学们，同学们通过听读，找出精美语句并进行摘抄积累。我引导学生关注优秀作文的标题、开头、结构、结尾，看看别人是怎么写的，想想自己应该怎么写。茅盾曾说：

"从事写作的青年在动笔之前最好先看看别人的作品，试加以分析，指出它在结构、任务、环境的描写方面，或者是好的，或者还有不足之处。"学生对优秀的作文有了鉴赏、判断，才能去模仿、借鉴，达到创新。为了增加阅读量，我还让学生自愿订阅了《语文周报》，在赏析课上留一部分时间给学生，让学生读报纸，勾画出好句好词进行积累。学生掌握了积累语言的方法并养成了关注文章语言的习惯，他们会随处随时发现优美的富有哲理的句子，有的学生会把这些句子在"课前三分钟演讲训练"环节中向同学们进行分享。当然，除了语言的积累，还要指导学生积累作文的素材，这样学生在写作时才不至于找不到话来写，文章的内容才不会显得空洞。这种多种方式的广泛的阅读使学生的思维很活跃，学生也在分析辨别积累的过程中学会思考和感悟。

　　除此之外，还要指导运用。我们要指导学生将阅读中积累的知识运用到写作中。有的老师往往把阅读和写作脱离开来，阅读是阅读，写作是写作，即便是花时间花功夫积累下来的语言也是凝固的摆在那儿。实际上，学生积累的语言是需要在作文中进行运用的。如何运用？这就需要老师的指导。老师要引导学生将积累下来的语言和词汇进行有效的转化，将积累的语言进行消化和吸收，并创造出自己的语言，真正做到"学以致用"，让好句子为文章增色。我经常鼓励学生写"随笔"，要求学生将生活中的所见所闻所思所感写下来，不要求字数多少，有感就发、有事就记、有理就说，不必拘泥任何模式，强调抓住一个点或描写或议论，并用上所积累的语言，将别人的语言变成自己的。学生在写作随笔时没有任何负担，有的写落叶，有的写电影观后感，有的写读后感，有的写快乐的心情，有的写新发现新观点……学生想怎么写就怎么写，想写什么就写什么，不仿写不套写，不说假话空话。"随笔"成了学生喜爱的、

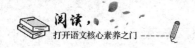

最轻松的练笔方式，这种方式激发了学生的写作兴趣。

三、读与写有机结合

最好的做法，是在教学中将文本阅读和写作联系起来，抓住读与写的结合点进行写作训练。这就要求老师要关注教材中读写结合点并对学生进行有目的的、有针对性的写作训练，才能真正有效提高学生的写作能力。例如我在教学《乡愁》时，让学生模仿诗句的写法。我设计了一个写作练习，根据"小时候____长大后____后来啊____而现在____"的句式进行仿写，通过思考，学生纷纷展示了自己写的诗句。有的学生写道：小时候，母爱是一件温暖的毛衣，长大后，母爱是明亮的台灯，后来啊，母爱是弯曲的电话线，而现在，母爱是沉沉的包裹；有的写道：小时候，理想是小小的糖果，长大后，理想是神奇的宇宙，后来啊，理想是书中的试题，而现在，理想是埋头的身影等等。学生们以母爱、幸福、友谊、拼搏、理想等为话题进行仿写，尽管稚嫩，尽管有的还不那么有诗意，但是学生的思维插上了想象的翅膀，一个个文字在笔下变得鲜活灵动起来。

在语文教学过程中，老师还可以引导学生对课文进行改编，比如：可以将《邹忌讽齐王纳谏》《咏雪》《地毯下的尘土》等课文改编成课本剧，并让学生进行课堂表演，这样，既可以锻炼学生写作能力，又能丰富学生的学习生活。也可以引导学生对课文进行续写。如教学《蟋蟀在时报广场》我这样指导学生思考：切斯特在功成名就的时候，为什么要回到乡下去呢？它回到乡下后又会是怎样一番情景呢？跟城里的朋友之间还会有怎样的故事发生呢？我让学生们以"蟋蟀还乡"为题进行续写。同时给出方法，指导学生在续写的时候要保持人物风格的一致，情节的发展要符合原有的故事脉络，所续写的故事要有所创新。学生在兴趣盎然中欣然执笔，写出不少有新意的作文。实践证明，我们应把阅读与写作结合起来，将阅读长期植根于写作的沃土中，以读促写，以写促读，读写结合，并行推进，找出合适的方法，让学生在快乐中阅读，在阅读中学写作，在写作中创新，最终实现学生阅读能力和写作水平的"双丰收"。

四、理清写作思路

写作是衡量学生语文是否学得好的重要标志，但是"作文难"，为数不少的中学生把写作看成是一件苦差事，每到写作文，总是冥思苦想绞尽脑汁也写不出几句，是苦不堪言。究其原因，是因为学生没有良好的写作思维，无法构思出一篇文章。实际上，中学阶段是学生写作能力可塑性的最好时期，学生有丰富的想象力，生活也是丰富多彩。但是，学生在下笔时常常处于无话可说无词可写的境地。甚至思路不清中心不明，谈不上很好的构思作文，因而在写作中不能顺畅的行文。个人认为，要让学生写清楚一篇文章，首先要培养学生良好的写作思维和写作习惯。

学生写作文，必须想清楚了再写。动笔之前要进行构思，对写作的内容先要有个整体构思，明确好文章的主题、观点，然后安排好文章的谋篇布局即文章的结构，进而做到文字优美、思路清晰。

古人写文章很讲究"言有序，章有法"，就是说文章的思路要清晰，要有条理。这是写好文章的基本要求。文章思路，指的是文章的行文线索或者脉络，也是文章的结构安排。文章的结构指的是文章的条理和规律，具体表现为文章的组织形式、材料安排、文章的开头和结尾。一般来说，文章谋篇布局的要求是严谨自然、完整统一。好的文章要有头有尾、详略得当、顺理成章、完整统一、行止自如。正所谓"常行于所当行，常止于不可不止"。但是我们在批改学生作文的时候，经常看到思

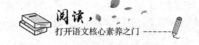

路混乱、层次不清楚的文章，让老师看不明白想表达的主题。造成这种情况的原因是学生在写作文的时候随心所欲，想到哪里写到哪里，中心不明确，瞎编，拼凑字数。整篇文章头绪混乱、思路不清。

那么，怎么让学生的写作思路清晰呢？

首先，要明确文体特征。现在的考试中作文常常会注明"文体不限"。这给了学生充分的自由。学生可以选择自己最擅长、最拿手的文体，为自己争得高分。但是很多学生没有理解这一要求，写的作文文体特征不明显。一篇文章，有的地方像记叙文，有大段的记叙，有的地方又像议论文，有论点但又没有具体论据来支撑，只有空洞反复的说理，结尾又来段抒情或者议论做总结来凑满字数。这样的文章"像雨像雾又像风"，不伦不类，思路混乱。要解决这个问题，老师就要指导学生写作时一定要文体明确。写记叙文，要有清楚的六大要素，无论是写人还是记事，都以记叙和描写为主。写议论文，论点、论据、论证方式要清晰，观点要鲜明，论据要典型，论证要充实等。不同的文体有不同的特点不同的写法，明确了文体再下功夫。在考试中，学生写的作文，想要争取更高的分数，就要让改卷老师在阅卷时能迅速抓住作文的中心和主题，如果是记叙文，就要做到线索清楚，开头语言简洁优美或者富含哲理，结尾点题扣题，首尾照应，这样的作文容易获得不错的分数。而议论文最好做到"开门见山"，观点鲜明，中间则从不同的角度用典型的例子加以论证，最后照应或总结开头提出的观点。这样的文章完整统一，结构也显得很清晰。不过对初中学生来说，最好选择记叙文，因为这种文体练习得最多，写起来容易把握。其次，要拟写提纲。要做到思路清晰，层次清楚。先写什么后写什么，都要有思考。鲁迅先生写文章，即使是写一篇几百字的短文，也不是马上就动笔，他要先"打腹稿"，先

"烂熟于心"，然后"一挥而就"，当拿起笔的时候，已经"胸有成竹"了。茅盾先生写作，喜欢先写好详细的"提要"，写作的时候把这个"提要"加以扩充和仔细描写。我们的学生写作也要养成"打腹稿"的习惯，最好拟出写作提纲。拟提纲是为了体现文章的逻辑思路是否得当，每一部分是否都是围绕中心来写，想清楚开头怎么写、中间写什么、分几段、结尾怎么点题等。提纲要做到条理清楚，层次分明，简明扼要。发现有不恰当之处，要立即修改。编写提纲的过程就是理清思路、组织结构的过程。学生在行文时按照写作提纲来写，这样可以避免思路的混乱又能使中心突出。有的作家写的提纲比作品的字数还多！有的作家在提纲上注明哪里详写，哪里略写，哪里是高潮，非常详细。提纲成了理清脑子、让文章层次清楚的有力"武器"。当然，还要合理安排文章顺序。文章的顺序就是文章的思路，合理安排文章的顺序有利于理清文章的思路。老师要训练学生按照"找题眼——明中心——选材料——定详略——定结构"的思路来写作。然后，确定写作顺序，文章是按照时间顺序、空间顺序还是逻辑顺序去写，要根据文章的特点和题材的需要来确定。比如，我们在学习《植树的牧羊人》一课就是按照时间顺序来写的，《济南的冬天》是按照空间顺序来写的，《纪念白求恩》是按照逻辑顺序来写的。我以《济南的冬天》一文中的一个段落为例来说说写作的思路："最妙的是下点小雪呀。看吧，山上的矮松越发的青黑，树尖上顶着一髻儿白花，好像日本看护妇。山尖全白了，给蓝天镶上一道银边。山坡上，有的地方雪厚点，有的地方草色还露着；这样，一道儿白，一道儿暗黄，给山们穿上一件带水纹的花衣；看着看着，这件花衣好像被风儿吹动，叫你希望看见一点更美的山的肌肤。等到快日落的时候，微黄的阳光斜射在山腰上，那点薄雪好像忽然害了羞，微微露出点粉色。就是下小雪吧，济南是

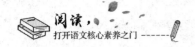

受不住大学的，那些小山太秀气！”在这一段中，作者就采用了空间顺序，先用"最妙"二字概括雪厚山景的特点，然后分别描写了小雪下的矮松、山尖、山坡和山腰的不同景色，最后议论、抒情，整个自然段是总分总的结构、按照从上到下的顺序来写的。

再如《春》一文，老师可以指导学生分析文章的思路，用盼春——画春——赞春三部分来组成文章内容；《巴东三峡》一文，按照作者的游踪，依次记叙、描写景物，层次分明，文章开始先总述，然后分别记叙、描写西陵峡、巫峡、瞿塘峡。条理清楚。《纪念白求恩》一文，共 4 个自然段，每一段是一个分论点，第四段总结全文。文章结构非常精美，逻辑性强。再以记叙文和议论文为例，记叙文可采用顺叙、插叙、倒叙；议论文的结构一般分为并列式、递进式、总分式等。在写作时，要根据文体采用合适的写作顺序，千万不能"东一榔头西一棒"，颠三倒四，让人不知所云。

"学习有法但无定法"，要写出优秀的作文，学生需要努力的地方还很多。比如，学生可以从标题上下功夫，可以把传统的三段式再丰富为四段式。因为就阅卷的视觉美感来说，文章以四段、五段为合适。记叙文将主要内容部分分成二到三段，议论文按提出问题、分析问题、解决问题来安排结构。也可以采用小标题、日记体、题记式等的形式来写。小标题的拟定要格式一致、体现文章脉络。巧设题记可以展露才情，赢得阅卷者的好感。

学生作文思路混乱，一般体现在文体不明，行文随心所欲、层次不清楚等问题，老师就要从这几个方面去指导学生，解决问题，努力开拓学生的写作思路，增强学生谋篇布局的能力，让学生写作水平不断提升。

五、张扬个性——以"我手写我心"

我们都知道，在语文教学中，最难的莫过于作文教学了。学生讨厌写，老师也怕改。如果能从作文教学中摸索出一些规律，寻求一条适合学生心理的路，肯定能调动学生写作的积极性。几年来，我在作文教学中，就提高学生写作的积极性作了一些尝试，下面谈谈我的做法。

传统的作文课，常常是教师命题，学生写作。而大部分学生在写作时胡编乱造，往往凑满字数就交差。记得初一学生刚进校时，为了摸摸学生的情况，我让学生写一篇作文，我没有规定写作内容，学生们想写什么就写什么。我在批改时发现，那几个成绩优秀的学生，他们的作文可以说是结构完整，时间、地点、事情的起因、经过、结果都交代得相当完备，记叙文的每一要素都毫不含糊，语言通顺，叙述也清楚。然而，都是千篇一律，毫无新意。我在想，这些学生平时思想都很活跃，开放意识也很强烈，接受新事物、新信息很快，为何在作文中就换了一个人呢？都说"文如其人"，他们的作文可不该这样啊！如何让学生写出真情实感、写出个性？这成了我思考的问题。于是，在第一堂作文课上，我试着将音乐带入课堂，将美文带入课堂，创设情境，让学生自己朗读，师生共同赏析精美文章，最后在布置作文题时，我打破了"一题定局"的传统做法，让学生写自己想说的话，题目自拟。我只提出了一个要求：写出自己的思想，写出自己的感情。没想到，这次交上来的作文让我惊喜不已，单从题目看，就丰富多彩。有《爱听故事的弟弟》，有《妈妈的童年》，有《难过的我》，有《害羞的事》等等。其中有一个学生——胡霄，（据说这个学生在小学时很贪玩，很淘气，到了中学有所进步，）他的这次作文以《座位》为题，在文中他这样写道："……在以后的日子里，我成了老师的'眼中钉''肉中刺'，各科老师都讨厌我，……我

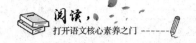

的小学也就和中间的座位说'再见'了。自从升入中学以后，老师按高矮排队，正好我坐中间，中间的座位是好座位。而且基本上集中了班上优秀的学生，我深知，如果我再向小学一样上课讲小话、影响老师上课、不按时完成作业，我一样会成为老师的'眼中钉''肉中刺'，也还会坐到'特殊位置'上去。所以我要尽力改变自己，改变自己所有的缺点，成为一个好学生。……为了把这个座位坐下去，我会改正更多的缺点，做得更好。"啊！这哪里是一篇作文，这分明是心灵的诉说！这种倾诉足以让每一个老师、每一个班主任去思考很多、很多，我仿佛看到了一个老师不喜欢的、常常受到批评、没有自信又渴望上进的纯真的孩子！学生能够在作文中向老师如此坦白他的内心世界，我非常感动。这样的坦诚让我欣喜又让我难过。我对自己说：要关爱每一个学生，不要忽略甚至轻视他们！另一方面，我又想到，作文教学如果真的放手让学生"以我手写我心"，学生们一定会有话可说，文章也一定会具有打动人心的力量。

除作文课之外，我还用大量的时间让学生去练笔。如果我让学生写"日记"，学生多数是写写流水账，所以我换成写"随笔"，让学生随心所欲地去写，想怎么说就怎么说，写自己的粗心，写自己的烦恼，写自己不愿意练琴，写自己的家……现在看来，学生的这本《随笔》，才真叫鲜活啊！文章风格各异、形式多样，仿佛是每一个学生在和你作心与心的对话！你看，林晨同学在《迟来的灵感》中以"写作找不到话可写"开头，以"我"与小树对话的形式，活脱脱勾画出了小作者活泼、可爱的形象，语言轻松、风趣，结尾一句："愿小树能快快长成参天大树"，点明了文章中心，升华了文章主题。文章角度巧妙、以小见大，写出了保护环境、保护树木的大主题。我特别愿意批改学生的《随笔》，因为可从中看到学生绚丽多姿的生活和丰富多彩的内心世界，仿佛是在与学生作亲切的对话。这些文章，记录了他们的思想，记录着他们的成长，我想，这，才是最有意义的写作！

由于学生的气质、性格、爱好不同，学生对不同体裁也有自己的好恶。有的学生善于编写故事，有的学生善于抒发情感，有的学生又偏爱议论文，有的语句华美，有的文风朴实。让学生作文时，我对文章体裁也不作规定，让他们写最拿手的体裁，给学生最自由的空间，用最自由的形式，写出自己的思想和个性！

班上有个女生叫李敏，她性格直率、热情，一次作文，她以《内疚》为题，文中这样写道："……从小，妈妈就叫我要孝顺长辈。现在我长大了，每次看到我那很瘦，背还有点拱的外婆，心里就万般懊悔过去对外婆的不满和嫌恶，此时此刻，冰冷的泪珠模糊了我的视线，一滴滴地落在了作文本上……"文字朴实，没有华丽的词语，没有漂亮的语句，却情真意切，融进了作者的感情，也打动着读者的心。

在作文教学中，学生是主体，教师必须充分尊重学生的个性，给学生写作的自由，让学生尽情放飞思维的翅膀，学生才能写出神采飞扬的文章来！

在作文课上，我很少给学生讲什么作文技巧、作文方法等等，而是多给学生赏析精美文章，有时让学生朗读，有时让学生将自己认为好的文章推荐给大家，并说出推荐的理由，有时又设置情境，采取让学生口头作文的形式，让大家来评价。一次，我以"猜猜他是谁"为题，让学生描绘班上同学的外貌，大家来猜写的是谁。同学们的热情很高涨，纷纷抢着上来说，课堂气氛很是热烈。还有一次，我在黑板上出示了一组词语：含辛茹苦、风尘仆仆、出国护照、考试、刮目相看，让学生连词成句。很多学生用这些词演绎出一个个生动的小故事，有

的令人捧腹，有的让人深思，语句流畅，表达很清楚。学生们的思维相当活跃，说话能力也得到了锻炼。这种看似无序的训练，打破了常规教学模式，提高了学生的写作兴趣。杨依同学在《周记》中说："……这样的作文课真是爽啊！"通过一段时间的训练，学生们再也不怕写作文了！

总之，要让学生写好作文，只有提高学生的写作兴趣，采取他们喜欢的方式进行教学，方法是灵活多样的，没有固定的模式可言。我想，只有放飞学生的写作思维，才有活泼生动的文字出现。

运用信息技术　优化写作教学

如今，随着以多媒体技术、网络技术为核心的现代信息技术在社会各领域的普及应用，人类社会进入了以电脑化、网络化、数字化为主要特征的"信息化时代"。信息技术凭借声音、图片、动画等诸多优势，为传统作文教学开辟了新的天地。信息技术与课程教学的整合已成为我国教学信息化进程的必然选择。中学语文作为基础性课程，以其独特的人文性、工具性、思想性领风气之先，而写作教学是中学语文教学的重要一环，应与信息技术携手，与时俱进。只有这样，才能把中学写作教学引领到一个新的高度。信息技术与中学写作教学的整合乃是大势所趋，势在必行。

人类社会的每一次重大进步都依赖于技术的飞跃和劳动工具的更新，并由此推动教育的进程。文字的出现，使书面语言加入以往只能借助口耳相传来进行教育的活动之中，由此拓展了教育内容的广度和深度，使教育形式发生了改变。印刷技术的出现，开启了人类历史的第二个里程碑，推动了知识的传播和教育的普及。而以"多媒体和互联网"为标志的现代信息技术，对教育的推动已显而易见，现代信息技术与语言课程的整合，为语文教学提供了理想的物质平台和教学环境，必将成为语文课程和教学改革的突破口。

《全日制义务教育语文课程标准》中明确指出现代社会的公民应具备"运用现代技术搜集和处理信息的能力"，语文课程应"注重跨学科的学习和现代化科技手段的运用""应当密切关注当代社会信息化的进程，推动语文课程的变革和发展"。这些教学理念为信息技术与中学写作教学的整合提供了充分的理论依据。

在传统的写作教学模式下，贫乏的作文素材资源、固有的教学模式、单一的评价方式、缺乏民主的氛围，这一切都极大地扼杀了学生的写作热情，严重窒息了学生的创造性思想，给中学写作教学造成前所未有的危机。

以多媒体技术与网络技术为主要形式的信息技术，给中学写作教学带来全新的面貌。它集文字、声音、图形、动画、视频等信息于一身，无论对教师，还是对学生，都有着巨大的吸引力。这种形式将抽象化为具体，将枯燥演绎成生动，吸引学生积极的参与，能够充分发挥学生的主体作用，最大限度地抓住学生学习的兴趣。网络拥有丰富的信息资源、友好的人机交互界面，学生可以方便快捷地查阅各种与写作有关的大量信息，为学生提供了生动丰富、取之不竭的素材资源，能调动学生写作的主动性、积极性。学生在学习写作的同时，开阔了视野，提高了审美能力。每次写作，教师可以在网上征集话题，学生根据自己的兴趣及所熟悉的内容去出文题，然后进行讨论，再在网上自由创作。利用网络进行写作教学，信息交流量大大高于传统教学。学生一堂课内可以阅读七八篇别人的作品。教师的作文评改周期也大为缩短。由原来为时一至两周的课后背对背批改变为及时面批。这样既有效地减轻了教师的负担，又快速地提高了学生写作水平和评改能力。作为当代中学生，在小学就学习了信息技术课，加上网络技术与计算机的普及，使他们已具备了一定的使用信息技术的基础，使信息技术与写作教学的整合在技术上成为可能，而中学生的强烈的好奇心和求知欲又使信息技术与写作教学的整合如虎添翼。

在写作教学中，语文教师应根据教学的实际需要，以人为本，因材施教。根据不同的写作教学内容，设计并利用不同的多媒体教学软件，通过多媒体的真实情境，引起学生的观察兴趣，利用其提供的动画等图文并茂的情景代替刻板的静止画面，激发学生的兴趣，有助于培养学生观察事物的能力和想象力。教师可针对学生的实际，按照由表及里、由个别到一般、由具体到抽象的认识规律，有效地引导学生进行观察，以提高学生观察事物、分析和解决问题的能力。

只有读书破万卷，才能下笔如有神。有了充足的材料，才能有米下锅。网络的出现使学生可以根据教师的要求和自身的兴趣广泛地猎取信息，丰富写作素材，触发创作灵感，激活创作欲望，学生的写作内容将不再空洞，语言将不再贫乏，真正实现个性写作与快乐写作，真正表达了自己的独特感受和情感体验。信息技术将封闭的课堂变得具有开放性，由于信息技术在内容呈现、互动交流方面具有强大的功能，促进了师生之间、生生之间的适时交流。在局域网上，在写作教学进程中，教师可以随时了解学生创作的情况，及时进行指导，学生也可以通过网络交流写作心得，还可以鼓励学生对自己或同学的文稿加以整理，按照要求进行加工，回顾和交流学习成果，适时展示自己的作文，对作文进行编辑，设计版面，用电子邮件进行交流。教师可选择学生习作中优秀作文或有典型错误的作文发送到每位学生的终端机上，让全班同学参与到评改中来。通过师生、生生的互动评改，有效地提高了评价的公正度，提高了评改的效率，同时激发了学生的兴趣，促进了"自主、合作、探究"的学习方式的形成，收到传统作文教学无法比拟的效果。信息技术与写作教学的整合使得教学从师本转向生本，写作资源由贫乏走向丰富，学生的人格将从冷漠走向关怀。

信息技术与写作教学整合的模式表现形态有：1. 情境写作。多媒体电脑为作文情境的创设。提供了最有力的支持。"情境呈现——讨论交流——写作——评价"是常见的教学流程。在具体教学中，让学生进入某种特定的环境中。通过听、说、看等去亲身体验一种感情、一场活动、一片风景，然后写出自己的感受。把声像作为生活与文本的中介，让学生有感而发，情动于衷。2. 互动性写作。将"故事接龙"的样式放到网络上之后，作者与读者、读者与读者的交流能达到一个新的高度。比如"我与劳动"这一个话题就可以利用网络上的 BBS 和聊天室，同学们可以自由组合，自由交谈，也可以整理成文章，发帖子在网上交流，也可以与其他相关文章的作者交流，学生带着愉悦的心情，以平等、自由、宽松的形式，各抒己见，进而达到写作目的，而且学生在交谈和探讨中也达到了训练思维能力和表达能力的目的。3. 论辩性写作。将辩论赛搬到网上，以文字的形式来进行，这种短小而针锋相对的写作使思维不断碰撞，能有效地锻炼学生的思维品质。在写作教学中，老师可预先在网上公布论辩话题，让学生通过预先上网，收集相关素材，并自由组合成正方与反方。在写作时运用网络展开论辩，提高学生的写作能力。4. 一体化写作。即将阅读和写作有机地结合在一起。学生自主从网上获取阅读材料，读后根据自己的选择和思索进行吸收加创作式写作，使阅读能力、写作能力和信息素养都得到提高。

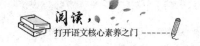

信息技术与写作教学的整合为写作教学开辟了崭新的天地，使写作教学从教学环境、教学过程、教学方式乃至教学观念等各方面都发生了深刻的变化。但是信息技术也是一把双刃剑。利用得好对学生作文能力的提高，对自主、合作、探究学习方式的形成和探索精神、创新能力的培养起积极作用，如果利用不好，也会对作文教学产生消极影响。在这过程中，有许多问题远需要我们进一步去研究和思考。我们要更新教育观念，提高自身素养，学习先进的教育理论，及时转变教学观念，从传统的传道、授业、解惑的信息提供者转变为学生学习的组织者、开发者和学生的学习伙伴，充分重视学生的主体地位。同时，老师也应具有信息技术的基础知识和利用信息技术进行写作课程设计的基本技能。而且，教师也应在音乐，美术等方面有不俗的素养。随着课程整合的不断深入，信息技术在写作教学中正发挥着越来越大的作用。但应该认识到，它只是一种协作学习的工具，教育的最终目的还在于学生探索能力、发现问题和解决问题的能力、创造性思维能力的培养。这并非是说在写作教学课堂上都要运用信息技术，而是要根据写作任务和学生实际情况进行整体的考虑和科学的设计，要充分利用它来优化教学过程，提高教学效果，不能简单问题复杂化，逢课必用，逢写必用。即使采用，也要给予正确指导，防止网络污染。因为网络的信息量极其丰富，信息的内容也泥沙俱下，学生进行写作素材收集时，教师应及时对其收集的方法和内容加以指导，想方设法增强学生抵御有害信息的能力，防止学生在上网创作时抵挡不住网络游戏的诱惑而沉溺其中，以致荒废学业。让网络真正为写作水平的提高服务。

信息技术在相当程度上改变了我们的写作教学，促进了写作教学理念的进步，带动了写作手段的创新，提高了写作的水平和质量。尽管目前在信息技术与写作教学的整合中，还不可避免地存在着一些不足之处，如学生自主参与意识不强，自我约束能力差的同学容易失控，师生互动交流不够等，但我们相信，经过不断的探索和实践，信息技术与中学写作教学的整合，一定会为中学作文教学改革开辟一条新道路，为培养创新型人才开拓一片新天地。

让阅读成为习惯

一、语文阅读教学中的朗读艺术

掌握阅读方法、培养阅读能力是中学阅读教学最主要的任务之一。朗读法、默读法、精读法、略读法和速读法，这些，都是最基本的阅读方法。在我们的语文教材中，有很多需要学生朗读背诵的文章，统编版语文教材把朗读作为学生要掌握的阅读方法。通过朗读教学，可以提高学生的语言组织能力和阅读理解水平，培养学生的语感。因此，朗读在语文教学中有举足轻重的地位，老师要引导学生重视朗读，要创造条件让学生进行朗读。书声琅琅，才能让语文课更具有语文味。

语文教学，主要指对学生进行听说读写能力的培养。每一种能力的培养都是语文老师教学的重点。这里，我根据自己的教学经验，谈谈朗读在语文教学中的作用。

朗读，是把文字变成声音的一种教学手段。从形式上说，朗读分为默读和朗读，默读的速度快，这是它的优势，但是学生快速的默读感受不到文字的精妙，而朗读需要放出声音来读，不能错漏过一个字，这就要求读准每一个字。学生反复的朗读，有利于他们更好的理解文章的情感。正所谓"书读百遍，其义自见"，就是这个道理。

　　部编版语文教材有许多文言文、文言古诗、课外古诗，都需要朗读、背诵、理解。有时候老师教学，扎扎实实地去分析文章的内容、主题思想、写作手法等，让学生做笔记、讨论，但是留给学生朗读的时间并不多，即便语文课有早读，也远远不够。课堂上根本谈不上让学生通过朗读去品味精美的文字，感受语言的魅力更是无从谈起。

　　语文老师要对朗读训练有足够的重视。老师首先要以身示范，用自己的朗读去感染学生。作为语文老师，朗读是需要具备的基本能力。老师声情并茂的朗读会带给学生不一样的感受，能够激发学生的朗读激情，能够让学生更深的去理解、品味文章语言的魅力，让学生更好地把握文章的内容，更好的理解作者的思想感情。我经常说，"好的朗读会为教学增色"。实践证明，的确如此。我在教学中，针对文言文、诗歌，都是把朗读的教法作为支撑点，让学生通过朗读去感知内容，通过朗读去理解作品。

　　比如：我在教学《天上的街市》的时候，以朗读为重要手段，让学生去体味诗歌的音乐美、品析诗歌的图画美、探究诗歌的情感美。我首先让全班朗读诗歌，做到整体感知并扫清文字障碍，再给学生讲授朗读的技巧：读准字音、读准节奏，教会学生怎样注意重音、节奏，语速、语调，最后在理解诗歌的基础上读出情感。比如："我想那／缥缈的空中　定然有／美丽的街市"的节奏停顿，"闪、点、定然"等为何要重读，意在指导朗读技巧的过程中，品析字词，最后达到更好的理解诗歌情感。然后，我再指定一个学生朗读，其他同学听读，老师提出要求：听字音、听节奏、听情感，作评价。在理解诗歌内容的环节，我让学生通过朗读去品析诗歌的画面美，通过"灯星辉映图、街市珍奇图、骑牛来往图、提灯闲游图"这几幅图画去把握诗歌内容并体味其中的美好，激发起学生的向往之情。

接着，我用老师示范朗读的方式，配上音乐，老师动情的朗读会给学生带来前所未有的听觉享受，学生更容易感受到诗歌的情感美，能更好地激发学生的朗读激情。所以，朗读这种教学手段，老师运用得好，会营造出良好的课堂气氛，能提高学生的审美。

在教学中，要引导学生重视朗读。我对学生就经常进行各种朗读训练。除了教师范读、录音听读，我加强了学生齐读、个读、轮读、角色朗读、男女读、小组读、分段读、重点读等。并指导学生读后学会评价：1. 读音正确，停顿恰当。2. 抑扬顿挫，语气语速准确。3. 读出作品感情。

在教《黄河颂》的时候，我指定一个学生朗读，然后，其他学生进行评价，在评价时，有的学生关注到了节奏的把握，有的学生说到了需要重读的地方，有的学生提到了感情的表达等。品析完了一首诗歌，我让全班朗读、男女同学朗读、小组朗读、老师示范朗读等，这些各种形式的朗读使学生能做到当堂背诵。

比如：在教学《乡愁》的时候，我的第一个教学目标是学习现代诗的基本朗诵技巧，能做到有感情的朗读。教学方法是通过师生互动，通过朗读去品味、感悟诗歌。教学重点是学习现代诗歌的基本朗读技巧。学法指导是认真听磁带、深情朗读诗歌。通过全班朗读、听录音朗读、学生分组朗读的形式让学生去理清诗歌的思路层次，学生很快能找到标志时间的词语来划出诗歌层次，学生在朗读中体味到了语言的魅力，领会了文章的写作意图和艺术特色，然后展开背诵比赛，背诵得好的我当堂用加分来作为奖励。

教《咏雪》的时候，让学生通过译读、自由读，最后达到背诵。全班学生进行朗读比赛，看谁背得快，背诵得准确。教学效果非常好。课堂上经常是掌声阵阵，以朗读开始，以朗读

结束。我在进行作文教学的时候，经常让学生当堂范读自己喜欢的优秀作文，大家从朗读和作文的角度进行评价。让学生真正体会"好的朗读为文章增色"，从而直观地认识到朗读的重要性。

叶圣陶、朱自清先生曾说过："要亲自体会白话文、文言文的种种方面，就必须花一番功夫去吟诵白话文与文言文。"这个"吟诵"指的就是朗读。可见朗读的重要。为了提高学生朗读兴趣，还可以采用多种方法，比如用同桌互评、小组评价，小组长打分等评价机制来激励学生，让朗读形式多元而有效。

总之，朗读在语文教学中有着举足轻重的作用。它能发展学生的思维，激发学生的情感，培养学生良好的语感，从而更好地提高学生的语言表达能力。叶老曾说："多读作品，多训练语感，必将驾驭文字。"《义务教育语文课程标准》将"朗读"作为培养学生能力的任务，要求教师对学生加强训练并要"注意加强对学生平日诵读的评价"，老师、学生齐重视，才能真正体现语文课的特点。

二、培养良好的阅读习惯

我国著名教育家叶圣陶老先生曾说过："学习语文的目标就是得到阅读和写作的知识，从而养成阅读的习惯。"事实证明，良好阅读习惯的养成，对学生以后的学习、工作、生活产生深远的影响，使学生终身受益。

培根说过："读书足以怡情，足以博彩，足以长才。"这证明读书对人的影响力是巨大的。一个不会阅读的学生，学习成绩不会有长足的发展，一个人在求学阶段没有阅读能力和阅读习惯，势必会影响到以后的发展。曾听一个年轻的老师说，她的班级里有个学生在做数学作业时，要请她给那个学生读题目，学生才能弄清楚题意开始做题。这充分说明阅读理解的重要性。

有的家长说，孩子很喜欢阅读啊，也花了大量时间去阅读，但是为什么成绩却没有提升呢？我们常说要多阅读多积累，但是，不能忘了，这个前提是我们还需要有正确的阅读习惯和阅读方法。

有的学生追求阅读速度，一目十行，盲目的"跳读"，书很快就读完了，但是却没有很好的消化书中的内容。其实，并非是只要读书了，就一定有收获。有的学生读完了一本书，你针对书中的内容提问，他却想不起书中出现过这样的内容。实际上他只是"翻完"了这本书，根本没有认真地去阅读。书读完了却一问三不知，阅读能力非常欠缺。所以，从某种程度来说，阅读能力的高低直接影响到学生学习成绩的好坏。学会阅读，可以促进语文整体成绩的提高。对语文教师来说，我们教学的主要任务就是培养学生的阅读能力和良好的阅读习惯。良好的阅读习惯对于阅读能力的提高是至关重要的。叶圣陶老先生曾说："语文方面的许多项目都要经过不断练习，锲而不舍，养成习惯，才能变成他们自己的东西。"

那么，什么样的阅读习惯才是好的阅读习惯，怎样培养学生良好的阅读习惯？第一，要坚持阅读。培养孩子良好的阅读习惯，坚持阅读是非常重要的基础。首先要有阅读才谈得上阅读习惯，没有阅读怎么培养阅读习惯呢？那么如何做到坚持阅读？首先，需要激发孩子的阅读兴趣。其次，要给孩子买合适的书籍。有了自己喜欢的书，才会有阅读的兴趣。再次，要制定好每天阅读的计划。制定计划，让学生每天都有固定的时间进行阅读，形成惯例，坚持下去，自然会养成每天阅读的习惯。第二，要有目的的阅读。怎么才让孩子的阅读发挥到最大效果呢？这就是要有目的的阅读。我们无论做什么事，都要有目的。有目的的走路，会走得很快，很快就达到地点，读书也是这样。每个人读书的目的是不同的，在阅读之前首先要想想自己阅读的目的是什么，是消遣性的阅读呢还是需要从阅读中学到什么，如果学生要想摘抄优美语句，或者从阅读中学到某些知识、写作技巧，那么他在阅读书籍的时候就会下意识地去关注那些相关语段，进行摘抄、记忆。明确了阅读目的，才能更好地提高自身的阅读速度，收获更加丰富的内容，成为高效的阅读者。第三，要一边读一边思考。"学而不思则罔"，只阅读不思考就成了死记硬背，只是装进脑袋里，不会运用，多思考，才能把阅读时理解、记住的内容内化成自己的，在口语表达、写作文时才能进行运用，真正做到"学以致用"。主动思考，才能收到良好的阅读效果。第四，阅读时学会圈点批注。著名教育家徐特立说："不动笔墨不读书。"阅读时动笔很重要。毛泽东在读《二十四史》时，就作了无数的批注、感悟、看法。教师要提醒学生在阅读时注意圈点批注，把有困惑的、有感悟的、自己喜欢的勾画下来。比如，在阅读朱自清《背影》时，指导学生勾画出几处描写父亲背影的句子，并在旁边写出自己的体会。慢慢地，学生养成了阅读时做批注的习惯，那学生在课外阅读中也会用上这种方法，边阅读边写感受，每读每得。第五，善于用好查询工具。工具书是不说话的老师。学生在阅读时总会遇到不认识的字或者难以理解的地方，老师要提醒学生可以借助工具书、网络等渠道进行查询，学生在查阅资料的时候，可以看到更多的材料，获得更多的知识。日积月累，养成了独立阅读的良好习惯。这种在解决疑难过程中的主动求知，是一种很好的阅读习惯。第六，学会放弃书籍。阅读时做到坚持很重要，懂得在阅读中的适当放弃也很重要。对中学生来说，并非只要是书就要去阅读，而是要进行选择，根据学生年龄、喜好、价值观等进行选择。苏联教育家苏霍姆林斯基说："你的周围有一个浩瀚的书刊海洋，要非常严格慎重的选择阅读的书籍和杂志。"有的书籍对学生来说太难了，生涩难懂毫无乐趣，我们就不能强制学生去阅读，要允许、甚至鼓励学生放弃阅读，或者让学生暂时放一放，不能胡乱去读以致浪费精力和时间。我曾经布置一个假期作业，要求学生去图书馆看书，每次不少于一个半小时，自由选择自己喜欢的书籍来阅读。我想，让学生在阅读中学会选择、懂得取舍学会放弃，这种良好的习惯一旦养成一定会受益终生。第七，做好阅读记录。学生阅读时一定要做记录，否则读了就忘记了。比如，读了一本书，书名什么，作者、主要内容、人物形象及性格，阅读字数、阅读体会等都要有个记录。教师要对学生进行有效的训练与指导，培养学生勤摘抄、勤做记录的习惯。这样的习惯既可以增加和拓宽学生的知识面，又可以使学生在写作时把积累的作文素材、名人名言、精美语句等加以运用，旁征博引、左右逢源，从而提高语文成绩，学生也会很有成就感，这种成就感会驱使学生一直坚持去阅读。

有一年寒假，我曾给七年级学生布置寒假作业，第一个作业就是"读书"，分三个内容：第一，阅读七年级下册的必读书籍如《骆驼祥子》《海底两万里》《红岩》《创业史》《基地》等，并要求做好记录，将书名、作者（国籍）、主要内容、主要人物形象及性格特点填写出来。第二，阅读优秀作文并将好句子、作文素材进行摘抄。第三，针对性阅读、摘抄名人名言20条、歇后语15条、成语故事10个。我将阅读放在第一位，有意识的培养学生勤记录的阅读习惯。

著名教育家苏霍姆林斯基说："积三十年的经验，使我确信学生的智力取决于良好的阅读习惯。"可见良好的阅读习惯在学生生活中的重要性。

"纸上得来终觉浅，绝知此事要躬行。"教师不可能时刻陪伴着学生进行阅读，因此培养学生良好的阅读习惯，让学生独立阅读，是非常必要的。良好阅读习惯的养成，不是一朝一夕的事情，它需要在坚持不懈的反复练习中养成。当然，语文老师也应该以身作则，让学生在潜移默化中养成良好阅读习惯，真正承担起为学生创造书香人生的使命。

三、合理运用碎片化时间进行有效阅读

学生进入初中阶段，会感觉学习紧张起来了，压力大了，感到时间不够用，因此，合理安排好学习时间对学生来说是非常重要的。

有人说，时间就像海绵里的水，挤一挤总是有的。这样的例子不胜枚举。俞敏洪老师曾说过，他工作很繁忙，但每年也保持一百多本以上的读书量，而这件事是他在业余时间完成的。俞敏洪老师在车里、飞机上、厕所里都会带着一本书，睡觉之前还有阅读 15 分钟的习惯。

鲁迅先生也可谓是碎片化时间管理的前辈和高手，他有一句名言：哪有什么天才，我只是把别人喝咖啡的时间用在了工作上。

我班的"学霸"在归纳他的学习经验时说，用早上的课间时间背文言文和古诗词，利用好碎片化时间，随时随地学习，是取胜诀窍之一。

这样看来，养成利用空闲时间的学习习惯，即使是几分钟，坚持下去，积少成多，日积月累，学习效果也是显而易见的。

学生每天的时间，上课、睡觉、午休、吃饭、学习等等，看似饱和，实际上隐藏了许多极其有用的零碎时间。有人就提出了"一分钟"理论。课间、走路、睡前等，都有无数个"一分钟"。对学生来说，时间就是分数，尤其是进入九年级，时

间就像流水，一点一点流逝，一分钟记住一句诗，一分钟记住某种修辞方法，也许正好就考到了。这一分钟，决定着胜负、决定着成败。利用好这无数个"一分钟"即零碎的时间，可以提高我们的学习成绩。所以，我一向倡导和鼓励学生学会利用碎片化时间进行积累。

碎片化时间不长，可以用来记忆基础知识、作文素材、古诗文，记忆一些重要知识点。

在各个学科中，语文是最适合利用碎片化时间进行积累的，这是语文学科的特性决定的。因为积累对语文有着格外重要的意义。语文的基础知识、文言诗词、现代文阅读、作文等，涉及的方面广泛，无论是哪一个板块，都非常适合利用碎片化时间。比如几个字词的写法、作家的作品、文言古诗、一两个素材、一两句优美语句等，都需要积累，都可以在碎片化时间里达成。利用碎片化时间，在点点滴滴中积累是语文学习的一种有效方式。所以我鼓励提倡学生利用碎片化的时间，把零碎的时间充分利用起来，合理地安排到自己的学习中。

现在的教育，学校挤占了学生大部分时间。不少的学校都是寄宿制，学生每天都有晚自习，那么相对而言，学生自主安排学习的时间很少。就以我所教的班级来说，我校的作息时间是早晨 8:00—8:30 早读，中午 12:00—13:40 午休，下午 2:10—5:40 下课，晚餐过后，18:40 开始晚自习。根据这个作息时间，可以找到的空闲时间有上午四节课的三个课间，午休时段、晚餐到晚自习时段、晚自习下课后都部分时间可用。由于学校的课程安排很满，学生没有整块时间进行复习，只能利用碎片化时间"见缝插针"。因此，我鼓励学生"偷时间"进行学习。

（一）下课"偷时间"积累。下课本来是学生们玩耍休息的时间，但我告诉学生们休息的方式有很多种。学生们不明白，一头雾水，迷茫地看着我。我对学生说："下课十分钟，我们可

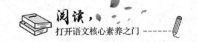

以一边玩耍，一边把不太熟悉的内容加以巩固，有的内容只需两三分钟就熟悉了，不必留到晚自习后去找大块的时间去记忆，减少了心理负担。"有一次我教学《夜雨寄北》，"君问归期未有期，巴山夜雨涨秋池。何当共剪西窗烛，却话巴山夜雨时"四句诗，在短时间里很容易背诵，我建议学生利用下课两三分钟进行快速记忆，有的学生尝试着这样去做，很快就记得了，他们感到又快捷又没压力。自此，越来越多的学生学会了利用下课时间记忆少量的东西，这种方式逐渐受到学生的喜欢。

（二）中午"偷时间"积累。学生统一集中去学校食堂吃饭，排队需要花上十几分钟，我建议学生晚去一会儿，利用这个时间可以对需要记忆的知识进行标注。吃完午饭，有的学生回宿舍早，有的回宿舍晚，时间参差不齐。有的吃零食，有的聊天，有的休息。学生利用这块时间，巩固、强化当天所记内容，这样天天坚持，效果也不错。午睡过后，学生下午2:10上课，许多学生1:40就到了教室，中间足足有半个小时，校园里还有喧闹声，走廊上你来我往，这个时候学生很随意，完全可以利用这个时间巩固当天需要背诵的篇目。自从我教给学生这个方法以后，不少的学生到教室后就开始背诵，学生们用自己习惯的方式，有的小声地读，有的默读，都很专注。这短短的时间，足以能够完全背诵当天的内容。

（三）晚自习后"偷时间"积累。晚上的时间非常宝贵，上晚自习的时候，老师会占用一部分时间，然后学生完成各科作业，根本没有大块时间进行背诵记忆。所以利用晚自习下课后的零碎时间是非常重要的。这个时间里，学生可以偷时间进行背诵记忆。可以利用二十分钟左右的时间看看自己的摘抄，积累的好句好词、看看优秀作文，掌握其篇章结构的妙处。事实证明，这样做的效果还不错。一些不喜欢阅读、背诵的学生也觉得这种方式来得快、没压力。为了让学生坚持下去，我给孩子们创造了一个交流的平台，我创设了"课前三分钟演讲"，每天指定一名学生，分享自己的阅读作品或者阅读心得，或者是"历史上的今天"，或者是成语故事、文化典故，或者是自己喜爱的人物形象等，这种形式学生很喜欢，既给学生们搭建了一个交流的平台，又提升了学生们的语言表达能力，培养了学生们自觉交流的习惯，也训练了学生们敢于上台敢于表达的能力。

（四）睡觉时"偷时间"积累。前面讲到一天中学生们有那么多碎片化的时间阅读，但是，别忘了，晚上睡觉前的巩固复习很重要。我曾告诉学生们，要"带着书本睡觉"。刚刚上床的时候，可以看上几分钟或者十几分钟，可以帮助快速入睡，也能培养学生时刻阅读的习惯。

（五）节假日"偷时间"积累。假期是学生们最自由最随意的时间，为了养成并强化学生们碎片化记忆的习惯，我利用班级群与学生互动交流。在群里，学生可以交流自己的感悟、可以分享好书、好句子等。真正实现了互通有无、资源共享。通过这个交流平台，学生们也非常容易完成我布置的"摘抄"作业，师生之间也因为有这个交流平台加强了联系，增进了情谊。当然，高效利用碎片化时间，也应有一些方法。卡片、便签等都是很好的方式。让学生将一些知识点、简短的古诗文等内容写在卡片、便签上，学生可以随时随地掏出小本或者便条，及时、快速进行记忆。其实，每个人每天都有大量的碎片化时间，它自由度高，可以根据自己需要来安排，没有压力，这种方式容易被大家接受。

总而言之，我让学生们利用一切可以利用的时间进行阅读、积累，成为一个爱阅读、爱积累的人，养成一生的好习惯。我相信，这将对学生终生有益。

利用碎片化时间学习，并非是让学生一天到晚都在死读书，我告诉学生们，学的时候认认真真，玩的时候痛痛快快。

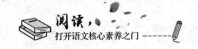

我们要学会"偷"时间阅读，偷时间积累，同时也要积极参加各种文体活动，我鼓励学生积极地去参与课本剧、演讲比赛、朗诵比赛，奖励在运动会中奋力拼搏、为班级争光的学生，真正做一个全面发展的人。

"不积跬步无以至千里，不积小流无以成江海"。对时间来说也是这样，利用好碎片化时间，一定会有惊人的变化。古往今来，一切有成就的学问家、科学家都是善于利用零碎时间学习的。事实证明一个人的成功与否，关键看是否有效地利用了碎片化的时间。因此，鼓励学生合理利用碎片化时间进行学习、积累，是值得提倡的有效的学习方法。

反思寻找规律　加强阅读理解

　　善于反思总结，是我们寻找教学规律的好方法。初中阶段的语文教学，阅读理解能力的培养是老师教学的重点。有经验的老师在平时教学中，会把每一篇课文当成例子，教会学生归纳内容、提炼主旨、品析语言等方法，提高学生的阅读理解能力，让学生得法于课内，得益于课外。

　　历来在考试中，很多学生认为语文难学，考试难考，更难考好，复习时漫无边际，抓不住重点，尤其是对于阅读理解部分，无论是考试还是复习，都是"跟着感觉走"，似乎抓阄一般，看个人的运气。每次考试，学生在这一部分的丢分现象也很严重，其实，每一门功课都有它自身的特点和规律，把握好它的规律，也可以考出好成绩。同样，语文中考复习中的阅读理解部分也是有章可循的，并非是难以掌握，学生在平时的学习中，注意这些规律和方法，老师再加强指导，提高学生答题的规范性和有效性，考试就能得心应手了。

目前，现代文阅读训练存在方法不当、题海战术等问题，老师讲得累，学生也很辛苦，结果依然不令人满意。要提高现代文阅读理解的复习效率，优化现代文阅读训练策略，增强学生应试能力，老师还得多思考，寻找最佳路径。

一般来说，现代文阅读训练方法有以下几个方面：第一步分清文体。现代文阅读训练，首先要分清文体，按记叙文、说明文、议论文三大文体进行复习。不同文体，考查的内容不同。"课标"中对现代文阅读的考查有详细阐述，归纳起来大致有几点：1. 内容概括。2. 词句理解。3. 信息筛选。4. 表现手法。5. 欣赏评价。老师在训练时，要把握好不同文体的"考点"，让学生把握好各种文体的答题技巧。针对记叙文，要分清记叙要素，理清文章的层次，归纳文章主旨；对说明文，首先要确定说明的对象，再辨识使用的说明方法，最后归纳文章的内容；针对议论文，要把握论点，分清论据，再分析论证方法。在概念上，要让学生准确掌握表达方式与修辞方法、写作手法、说明方法、论证方法与论据类型等。第二步，通读全文，整体感知内容。首先要通读材料。将文章从头到尾通读一遍，了解文章的大体内容，切忌没有完整的阅读文章就开始答题。通读文章后，学生自然会对文章的思路有个大概的了解。在平时教学中，老师要指导学生学会为文章自然段标上序号、学会归纳中心思想。第三步，认真审题，回读原文。这种回读是根据问题进行有针对性的阅读，找出相关的段落、句子。先让学生阅读出示的题目，带着这些问题去再次阅读文章，这次阅读是细读，它针对性强，目的明确，要及时抓住所需要的信息，节约阅读时间。第四步，理解分析，引用原文。学生作答，尽量引用原文中的语句。文章里有明显的可以用来回答问题的句子，要利用这些原句作答。不能直接引用的，就要抓住

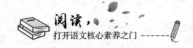

关键语句或词语，进行重组、归纳，然后组织好语言作答。这就要求学生在阅读时将关键词句勾画下来，作答时保留这些关键语句或词语。也就是说，多从原文中寻找答案，进行筛选、提炼、整合语言，做到言之有据，持之有理，不是胡乱编造或者自由发挥来作答。第五步，规范答题，不可不答。教师要给学生讲明白，回答问题不仅要根据要求来答题，还要注意几点：1. 不可不答。学生如果不作答一个字不写，那一分也没有。2. 不能胡乱作答。胡乱作答也不能得分。每一个题目都是一个考点，学生要判别清楚题目要考查我们什么知识点，要能判别出题者的意图，再根据我们平常学的答题模式和技巧进行答题。3. 字数不能太少。答题时要关注分值。我们遵义市的阅读题，每个题目基本上是三分。一般来说，答案中有三个侧重点或者是三个方面都需要回答出来，一点一分。如果只写一个方面则拿不了满分。几类文体答题规律大致有：

（一）考查记叙文，大概有这几类题型

1. 概括内容。这一步需要学生整体感知文章进行归纳。并且要记住："答案不在你的脑子里，答案在文章里"。老师要强化"语境意识"。答案不能笼统，而是针对这篇文章得出的答案。比如：答题模式为"什么人做什么事结果怎么样"。大部分学生答题时"结果怎么样"往往忘记答出来，答案不完整，3 分题只得到 2 分。所以老师要加强学生答题的完整性，要指导学生关注标题、开头、结尾，关注议论、抒情的语句。学生在作答时，一定要结合文章，看看试题与文章中哪些句子哪些词语有联系，学生准确地筛选文中的重要信息，学会抓关键句、关键词，才能作出准确的答案。如"请你概括本文的中心"这类题的答题模式一般为："此文记叙了……的故事（事迹、经过、景物），表现了（赞美了、街市了、反映了、歌颂

了、批判了），抒发了作者……思想感情"。

2．文章划线句子的表达作用。我在训练学生答这类题时，强调一定要分析划线句子的特点，弄清出题者的意图。一般来说，划线句子要么是一种描写方法，要么用了修辞方法，要么是多次出现，要么是正话反说。根据这些特点才能准确作答，切忌胡乱盲目的答题。

3．体会加点词语的表达效果。答题格式为：先解释这个词语的本意，再解释词语在文中的意思，最后分析词语在句子中的作用。比如：魏巍《我的老师》有这样一句"我用儿童狡猾的眼光察觉，她并没有要打我们的意思"中"狡猾"一词的深刻含义：（1）"狡猾"原意是奸诈的意思；（2）文中是"聪明、机灵"之意；（3）正话反说，表达了"我"对老师的喜爱。

当然，现代文的阅读理解在考试中要想拿到高分，除了掌握答题技巧以外，还要注意答案的表述语言要规范。我常常给学生讲作答要用"专业术语"，不能随意作答，即便是相同意思的答案，语言不规范也会丢分，这样就非常遗憾。比如，记叙文一般会考查"文章表达了作者什么样的思想感情"，在作答时常见的"专业术语"有：歌颂了、赞美、热爱、喜爱、厌倦、憎恶等等，考查概括文章主旨，一般是"通过……故事，歌颂（赞美）了……表达了……思想感情，或者是揭示了……的深刻道理"这样的语言表述。如果是"文章引用的内容有什么作用"，这个题目必须要有"衬托了记述对象的品质，突出了主人公的某种精神"这样的关键语句。考查语句在篇章结构上的作用，一般用的词语有：总起下文、引出下文、埋下伏笔、作铺垫、承上启下、前后照应、首尾呼应、总结全文、点题、点明主旨；考查语句在表情达意上的作用则常用"渲染气氛、烘托人物心情"等词语；品味文章语言时，常用术语有：形象生动、清新优美、富有哲理、讽刺性强、诙谐幽默、准确

严谨等，这些术语要让学生时刻牢记。

记叙文的记叙顺序及作用，比如顺叙使文章条理清晰，读起来脉络清楚，倒叙的作用是造成悬念、吸引读者，增强文章的生动性。插叙的作用是对情节起补充交代，或丰富了形象，或突出了文章中心，还有各种修辞方法及作用等等，这些常识都要让学生熟记、掌握。一旦遇到这类题目，则用上这些知识来作答，这个要形成习惯。

在某种意义上说，语文考试并不是特别深奥难做，而是考我们的规范性——规范表述、规范书写。

（二）考查说明文，要把握其考点

说明文的考点也要在平时对学生进行指导。它的考点有：分析说明文结构（常见的形式有："总——分"式、"总——分——总"式、"分——总"式、并列式、递进式等）。了解说明顺序（时间顺序、空间顺序、逻辑顺序）；熟练判断说明方法及作用。比如，举例子的作用是使说明更具体、更有说服力；列数字作用是使说明更准确、更具科学性；作比较的作用是突出、强调事物的特征；打比方的作用是形象生动地说明事物的特征。分类别的作用是使说明更有条理性等等，老师要在平时教学中让学生熟记这些固定模式，才能规范作答。

理解文中词句的表达作用及说明语言准确性，要注意表示修饰、限制等词语的作用。例如："基本上、大约、左右、一般、大多数、极少、通常情况下"这些词语能否去掉，学生答题的一般规律是"不能，接着结合语境解释词义，如果删去会怎样，用上这个词说明体现了语言的准确性"。

（三）考查议论文，包括对中心论点的把握、对论据类型的分析和及作用的理解；对论证方法的分析；对议论文语言的

体会；对议论文结构的分析；对文章的体验、感悟等

　　寻找论点的方法有：开门见山提出论点或者是用问题引出论点，用名言、故事引出论点；不仅要弄清论证方法还要掌握它的作用。比如：举例论证作用是运用典型事例说明论点，比喻论证的作用是借助形象的比喻来说明论点。引用论证是引用经典或名言、谚语等证明论点等。议论文的结构一般是提出问题、分析问题、解决问题，议论文语言的特点是准确性、严密性、逻辑性、生动性。这些特点都要结合文本进行具体分析。

　　阅读理解的训练题目浩如烟海，掌握好方法和规律，采取正确的方法和策略，选取典型材料进行训练，做到举一反三，我想，现代文阅读考查这道难关并非攻不可破。

　　其实，学科核心素养体现在教学的方方面面。每到中考，考什么、怎么考，有哪些新的变化，试题难易如何，都是老师们热议的话题。从最近几年遵义市中考来看，试题的命制以《义务教育课程标准》为依据，试题聚焦关键能力，更加紧扣时事热点，厚植家国情怀，凸显核心素养。

　　以近几年我市语文中考为例，"稳中求变"是它的一贯特色。"稳"指命题须遵循《义务教育课程标准》，"变"指试卷更加凸显核心素养和时代特色。试卷加大了对语文人文性的关注、强调了对考生阅读速度的提升、加强了考生对传统文化的濡养。从试题设计来说，试题难度适中，重点考查的是学生的学科素养。第一，考查必备知识，坚持语文的基础性。试题贴近教材，重视教材的典范性，考查必备知识。体现了注重基础、回归教材的命题导向，引导语文教学要遵循教学规律，夯实基础，提醒学生要注重对课本知识的理解和掌握。第二，考查核心素养，聚焦关键能力。《课标》提出：阅读教学要培养学生感受、理解、欣赏和评价的能力。所选阅读文本基本围绕人与自然、人与社会、人与自我三大主题选材，体现立德树

人的时代特征。如记叙文《天涯海角　招之即来》《少年画海》《春风过处》等，多选取与真情、和谐等有关的经典美文，渗透价值思考，旨在通过提高阅读能力的同时，提升学生的道德层级，帮助学生形成良好的价值观、人生观。说明文如《中国"慧"眼，仰望星空》《中微子，关乎宇宙起源之谜》，选材多为科普类，意在引导学生关注自然、关注科学，丰富学生的科学素养。议论文如《磨》，选材侧重对学生进行人格、思想品质等方面的教育。非连续文本、综合性学习类，考查通知改错、拟写海报，考查学生筛选信息、比较分析能力和正确的表达。而课内、外文言文的对比阅读，考查知识的运用、迁移能力。这些试题的命制，聚焦关键能力，考查了学生的学科核心素养。第三，试题题材贴近考生，有浓郁的时代和生活气息，较为平易朴实，不给学生设置阅读和审题障碍，学生容易接受。一是必备知识入题。如字音字形、文学常识、语言得体、应用写作、古诗文积累等都是语文学科必须掌握的知识，充分体现《课标》的要求。二是热点话题入题。共享单车、人才抢夺大战、疫情防控等都是当年热点，凸显了《课标》中关于语文即生活的理念，有助于引导学生在生活中发现语文、理解语文、关注时事。三是就地取材。试题素材所涉内容基本上是学生身边事。"遵义旅游资源调查"、遵义市职工文化艺术节、扫雷英雄杜富国、娄山关观景台等素材，均是来自学生生活地域的话题。四是写作贴近学生生活。近三年的写作，有半命题、话题、命题作文的形式，如"初三，和____一起走过""毕业前夕""栏杆"，内容与学生生活相联系，能够充分调动学生的日常积累，不给考生设置审题障碍，让绝大多数考生都能做到有话可写，有情可抒，实现了《课标》中"写作要感情真挚，力求表达自己对自然、社会、人生的独特感受和真切体验"的要求，为今后本学段写作教学指明方向。

　　试卷中突出的一点是重视传统文化，有良好的价值引领。《课标》指出："语文课程对继承和弘扬中华民族优秀文化传统和革命传统，增强民族文化认同感，增强民族凝聚力和创造力，具有不可替代的优势。"试卷中很多试题都涵盖了传统文化元素。通过考试，不只是加深了学生对传统文化、地方文化的了解，更是对传统文化的传承，对增强学生的文化自信起到了积极的作用。既落实了《义务教育语文课程标准》的要求，又对教学起到了引导作用。

　　从各类考试来看，试题的命制完全遵循《义务教育语文课程标准》，聚焦关键能力，考查核心素养，既彰显了语文学科考试的评价功能，又力求凸显考试的导向功能，推动了教师教学方式和学生学习方式的转变，推动了语文教学的发展。通过考试反思我们的教学，以考带教，可以让我们的语文教学更趋于理性。

　　我认为，在学习中要进一步加强核心能力的培养。在教学中教师要引导学生关注社会时势，关注家乡变化，关注时代发展，要注重培养学生语言实际运用的能力，加强整体把握、信息筛选、阅读理解能力的培养，提高学生的思考和分析能力。在写作中，要关注自我，感悟生活，提高审美素养。只有写出自己的生活，融入自己真实的情感，才能写出打动他人的文章。其次，阅读要得法，要注重素材的积累。指导学生在日常阅读时可分类进行积累，比如时事热点类、人生感悟类、崇高价值取向类、亲情友谊类以及生态文明、自然环境类等等。同时要强化名著阅读，强调整本书阅读，老师要指导学生多读书、读好书、读整本的书，不能只靠刷题，应力求让学生做到真实、有效的阅读。

第五章　基于核心素养下的中学语文阅读教学课堂实践

张开想象的翅膀

——《天上的街市》课堂实录

教学目标

1. 朗读诗歌，感受诗歌的音乐美、画面美，探究诗歌的情感美。

2. 了解诗歌的联想和想象，初步培养联想和想象的能力。

教学重点

朗读诗歌，把握情感。

教学难点

培养联想和想象的能力。

教学过程

一、导入

同学们，你们有空的时候一定会和父母去街上走走逛一逛吧？那你们觉得街上是什么样子的呢？（生：热闹、繁华、东西琳琅满目等）。你们说的都是我们人世间的街市。有这样一个人，他用丰富的想象为我们描绘了在天上的街市的情景。今天，我们就一起来学习他的这篇充满着浪漫主义色彩作品，请同学们打开课文《天上的街市》。这个人，就是伟大的诗人郭沫若。

二、作者介绍

出示 PPT。

郭沫若：（1892—1978），原名郭开贞，中国现代杰出的作家、诗人、历史学家、剧作家等。代表作有《女神》《星空》，历史剧有《蔡文姬》《屈原》《武则天》等。

请同学们阅读一下。

师：有人说，"诗歌是凝固的音乐"，那就让我们通过诵读去体味诗歌的音乐美吧。

出示 PPT：读——体味音乐美

三、全班朗读，整体感知

1. 请同学们整齐的朗读诗歌。看看有没有不认识的字、不理解的词。

缥缈：piāo miǎo 请问是什么意思呢？

生：若有若无，隐隐约约的意思

师：朗读诗歌，首先要读准字音，还要读准节奏。比如诗歌第二小节："我想那缥缈的空中"，应该读：我想那／缥缈的空中，不能读：我想／那缥缈的空中 还有："定然有／美丽的街市"，不能读：定然／有，还有：定然是／世上没有的珍奇，不能读：定然／是世上没有的珍奇。当我们理解了诗歌后，我们还要读出诗歌的情感。

2. 下面请一位同学起来朗读，请同学们认真听读，听字音、听节奏。

出示 PPT：读——体味音乐美

要求：读准字音、读准节奏、读出情感。

同学们，你们觉得这首诗应该用什么样的语调去朗读呢？是激昂的、悲伤的还是柔和的？

生：柔和的、轻柔的。

师：语速呢？是快速的、还是舒缓的？

生：舒缓的。

师：出示 PPT：语调柔和、节奏舒缓

3. 全班齐读这首诗歌，请大家用柔和、舒缓的语气，力求读出抑扬顿挫来。

生读。老师点评、肯定。

出示 PPT：读——品析图画美

师：作者是怎么想到天上的呢？是从现实生活中的什么事物想到天上的？请同学们看第一小节。

生：从街灯想到星星的。

师：对了，从地上的灯想到天上的星星。又把星星比作街灯，回环往复的比喻，描绘出了灯、星交相辉映的画图。老师觉得这小节里有几个字用得好，同学们能找出来吗？说说它好在哪里？

生："点"、"闪"字。"闪"字是一闪一闪的，好像眼睛眨呀眨的。很形象生动。"点"是指光亮。

师：同学们都有自己的思考。"闪"字很贴切，仿佛星星闪烁。"点"字用得好，写出了它好像是人使它亮的，是人去点亮的一样。所以用"点"。还有没有呢？

生：现、明。

师：对了。

生："现"字，星星会随着天色会越来越亮，是慢慢出现的，因此用"现"，而"明"字，是指街灯亮了以后就不再有变化，所以是"明"。作者的用字非常考究的。

师：在诗人的笔下，天上的生活是什么样子的？你喜欢吗？为什么？

生：天上有奇珍异宝。

师：朗读一下这一小节。

生：还有牛郎织女。

师：同学们都说得很好。诗人为我们描绘了美丽的图画。

出示 PPT：灯星辉映图、街市珍奇图、骑牛来往图、提灯闲游图。

师：有个词在诗歌里出现了多次，同学们发现没有？

生：定然、定能够。

师：对。这两个词什么意思？

生：一定。

师：明明是想象的内容，却如此肯定，思考一下，这表达了作者什么思想？

在学生回答的基础上，老师总结。

师：表明作者坚信理想的世界一定会实现，坚信未来一定是美好的。表达了作者的坚定信念。我们朗读的时候要读出坚定的语气来。

师：诗人怎么写牛郎织女的生活的？他们是怎样的状态？请同学们迅速找出过关键的句子。

生：骑着牛儿来往、在天街闲游、提着灯笼在走。

师："闲游"是个什么状态啊？

生：无忧无虑、自由自在、幸福浪漫。

师：把牛郎织女幸福美好的生活描绘了出来。在写流星的时候，作者怎么形容流星的？哪个字用得美？为什么？

生：对。把流星写得好像花朵一样美丽灿烂。

师：这几句，描绘了天上美好的生活，表达了诗人对美好

生活的向往。我们在朗读的时候要带着一份遐想去读，要读出甜美的感情。

全班朗读第2—4小节。

出示PPT：读——感受情感美

师：牛郎织女的传说我们从小就听说过。但是和诗中好像有些不同。同学们都说说看，有哪些不同？

生：传说的故事，他们一年相见一次，生活悲苦，而诗中他们天天可以相见，天河也不再阻隔他们，他们过着幸福甜蜜的生活。

师：作者为什么要改写他们的命运呢？这就要了解诗歌的写作背景。这首诗写于1921年。当时，五四运动的高潮刚刚过去，中国处于北洋军阀混战时期，面对黑暗的现实，诗人陷入苦闷和伤感之中。诗人改写牛郎织女的生活，把天上的街市写得那么美好，去掉了牛郎织女悲苦仇怨的内容，代之以幸福自由的生活，寄托了作者对自由、对光明的向往，含蓄地表达了对当时黑暗现实的不满。这不仅是作者个人的心愿，也是当时广大民众的共同愿望。我国古代文人的作品就有这种写法。东晋时候陶渊明就为我们描绘了一个没有剥削没有压迫的和平安宁的"世外桃源"，以此来表达对黑暗现实的否定，表达自己的美好愿望。《天上的街市》与它就有异曲同工之妙。

诗歌的情感，显露在它的字里行间。通过刚才的赏析，可以看出，诗歌有赞美之情、有向往之情、有欢乐幸福，还有坚定的信念。这些都要饱含在我们的朗读里。

这么优美的意境，这么美的街市，同学们想不想去看看逛逛？

生：想。

师：那老师来带着你们去看一看。请同学们闭上眼睛，聆听老师的朗读，想象着美好的画面，体会作者的思想感情。

出示 PPT：读——感受情感美

老师配乐示范朗读。

师：好美啊！作者是用什么方法营造出如此优美的意境的呢？天上真的有街市有牛郎织女吗？

生：没有。

师：对了。作者是为我们虚构了这些美丽的画面，这种虚构，就是想象。诗人从街灯想到了星星，因为它们都是明亮的闪烁的，可以进行联想，运用想象和联想来刻画情景，是这首诗歌最大的特点。

四、素养提升：理解想象和联想

师：联想到的事物，可以有相似之处，比如街灯和星星都有闪亮的特点，也可以是对比，比如可以从酷暑联想到寒冬，或者是部分与整体的关系，比如从小草想到生命，从日历想到时间等。它和想象是有区别的，联想是从一个事物想到另一个事物，而想象是在一个事物的基础上创造出另一个新的形象，这种创造是有现实做基础，是有依据的，不是随意的胡思乱想。如"天上的街市"中所描绘的事物都来源于现实中的事物，诗人凭借想象和联想，让它变得更加美好。想象和联想是创作诗歌的重要手段，诗人又往往会运用比喻、拟人、夸张等修辞方法来完成想象和联想，如诗中把街灯比作星星等句子就是比喻。古人就喜欢用想象和联想来创作诗歌。如我们熟悉的就运用了比喻和夸张。

出示 PPT：飞流直下三千尺，疑是银河落九天——比喻、夸张

问君能有几多愁，恰似一江春水向东流——夸张、比喻

不知细叶谁裁出，二月春风似剪刀——拟人、比喻

五、素养提升：从读到写

师：我们今天学习了这是诗歌，了解了想象和联想，我们

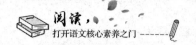

也来试一试。现在老师设置几个意象，同学们开动脑筋，看看我们都有哪些新奇的想象和联想。

请同学们动起笔来，用比喻、拟人、夸张至少一种修辞方法，写一句或几句话。

出生PPT：

月光照在地上好像　春天　白雪　日历　笼中的小鸟

（老师巡视课堂，查看同学们的写作情况，三分钟过去，让学生发言）

生：月光照在地上好像大地披上了一件银色的纱衣。

师：非常好，用了比喻，写得很美。

生：日历一页页撕去，告诉时间一点点流逝，我们的皱纹在一点点增多。

师：你在写我吗？我的皱纹就这样增加了。（课堂哄笑）

生：笼中的小鸟好像花盆里的花朵，不能回到自己的家。

师：想象丰富！大家用掌声送给他。

生：春天来了，小草探出了头，去寻找春姑娘。

师：多美啊！"去寻找春姑娘！"这么灵动的句子，真是可以和朱自清比美！老师相信你，你一定可以成为诗人，成为作家！老师为你加油！

师：同学们，只要我们打开思维，充分发挥想象和联想，那么，我们也会写出优美的诗句来。

六、出示PPT：作业布置

1. 朗读诗歌并熟读成诵。

2. 阅读一个中国的民间故事，发挥自己的想象进行改编，希望你们都能向郭沫若先生学习，把故事改编得又精彩又美好，然后和大家分享。

激发探索的兴趣

——《花儿为什么这样红》教学设计及反思

教学目标

1．理清文章结构。

2．了解本文的说明顺序，掌握常见的说明方法，品味文章准确严密的语言。

3．培养学生探索大自然奥秘的精神。

教学课型：综合课型（兼有说读课型、析读课型）

一、导语

二、说明文知识回顾

1．说明文是以说明为主要表达方式的一种文体。

2．按说明对象和说明目的来划分，可分为事物说明文和事理说明文。今天我们学习的课文是一篇事理说明文。作者贾祖璋是一位著名的生物科普作家。

3．说明文常见的说明方法有：

下定义、举例子、列数字、分类别、打比方、引资料、画图表等。

三、出示课题、作者

四、读课文，分析写了什么

学生自由朗读课文，边读边想：我读了这篇课文，我获得了什么信息？

交流讨论，共享信息。

按照下列句式说话：

我读了第____段，我明白了（或发现了）_____。

老师示例：

我读了第__2__段，我明白了<u>花红的原因首先是由它的物质基础决定的</u>。

学生回答

老师根据学生回答，归纳出：作者分别从哪些角度说明花儿为什么这样红的？

五、读课文，分析怎么写的

根据板书，分析回答：

1. 每个自然段之间顺序能否调换？为什么？

（学生阅读讨论，发表看法，老师引导、归纳）

明确：不能。它是从内到外，从主到次的顺序安排的。作者遵照顾及事物本身及内在的练习这一原则，将决定性因素摆在第一位，用"首先、还需要、还有"等词语来领起，说明的顺序极有条理。花红的原因也是先自身因素后外部因素。这种按事物内在规律的主次安排行文先后次序是事理说明文常用的顺序，这就是逻辑顺序。我们要将一个事理说明清楚，除了要清楚事理本身的内容外，还需要将事理内在的逻辑关系理清楚，以一个合理的顺序来说明。

2. 课文结构有什么特点？

（学生思考、讨论、发言，老师引导、归纳）

明确：都以设问句式开头，提示了说明内容，并形成排比段。文章从不同角度说明事理，把抽象的事理说明得具体而明晰。以设问领起，先巧妙设疑，然后用一句话概括回答，再进一步阐释说明，从修辞上讲是间隔反复，既脉络分明、中心突出，又整齐对称，浑然一体，读起来节奏明快，情趣盎然，使事理说明文的科学性与文学性得以和谐统一。

3．文章标题有什么好处？

明确：以"花儿为什么这样红"为标题，浓缩了文章主要内容，在文中出现七次，都是以设问的形式出现的。在第一段总提，以下几段分别设问，使说明层次清楚，步步深入。这一句也是一首歌曲，颇有诗情画意，容易吸引读者兴趣，既有文学性又具科学性，增添文章美感，增加文章的艺术色彩。

六、读课文，分析为什么这样写

1．文章用了哪些说明方法？请找一找，并说明好处。

（学生先找出文章的说明方法的句子，分析它的具体作用，老师再综合归纳）

明确：本文综合运用了多种说明方法，在说明的过程中起到了重要作用。比如：举例子——选举恰当例子，具有趣味性、知识性，通俗而确切地说明了事理。作比较——使最具影响力的内容更为明显，特征突出。

2．文章的哪些语言体现了说明文语言的准确严密？

（学生找出关键语句进行朗读、体会，老师引导，归纳）

明确：说明文语言最大的特点是准确性和严密性。（老师从修饰语、限制性词语去引导学生进行体会）比如："一般的花，大都初开时浓艳，后来渐渐褪色"一句，因为"一般"和"大都"指大多数，准确地说明了初开时浓艳，后来渐渐褪色的现象，大多数花朵都如此，但也不排除有例外的现象。限制性词语的恰当运用，体现了说明文语言准确严密的特点。

还有，"红色的花最鲜艳，最耀眼，可以说在进化过程中是最成功的"这一句，用三个程度副词"最"字，强调了红花颜色最鲜艳、耀眼和成功的程度。

还有，"花色也只有粉红的一种"，"只有"一词强调了仅限于粉红这个品种，"仅就北宋中叶那一个时期来说吧"一句，"仅"字极言时间之短，说明人工选择加快了花红的进程。"就"

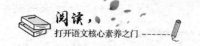
字强调了人工栽培在很短的时间内创造出了多姿多彩、争奇斗艳的不同花朵。老师作简单总结。

这些限制性词语，体现了说明文语言准确、严密的特点。

七、迁移拓展：出示 PPT

1. 黑花为什么不常见？

明确：花的颜色与花瓣内含的物质相关，在植物体内不能产生黑色的因子，只有在特殊情况下才有可能出现黑色趋向。

2. 枫叶为什么到秋天会变红？

明确：秋天时节，枫叶内的花青素增多，气温下降使叶绿素破坏消失，因此绿叶变成了红叶。

3. 向日葵为什么总向着太阳？

明确：向日葵的生长素是背光分布的，向着太阳的一侧生长素浓度低，背光一侧生长素浓度高，生长快，使它的茎部产生逆光性弯曲，所以向日葵向着太阳生长。

4. 雨后为什么会有许多蘑菇？

明确：蘑菇是低等的真菌类植物，靠菌丝吸取养分来维持生命。它生长的地方常常阴湿温暖而富有有机物质。它的菌丝吸收水分后在很短的时间会伸展开来，因此下雨后蘑菇长得又多、又快。

5. 柳树为什么会发光？

明确：柳树身上有假蜜环菌，这种菌丝可以吸收养料，会发光，白天由于有阳光看不见，而在夜晚就可以看见了。

6. 藕断丝连是怎么回事？

明确：藕内部有藕丝，像弹簧那样呈现螺旋状，当藕折断时，呈现螺旋状的导管并没有真正折断，而是像弹簧那样拉长，形成了许多丝状的物质，因此出现了"藕断丝连"的现象。

八、小结

本文特点：

1．多角度说明事理

2．按一定的顺序说明。

3．条理清楚。

九、作业布置

课外查找相关资料，以"荷花为什么出淤泥而不染"为题作文。不少于 700 字。要求：注意合理地安排说明结构、运用合适的说明方法，使用准确严密的说明语言。

教学反思

教然后知不足

这是一篇说明文，文字浅显易懂，学生学起来不会有太大障碍。我把本文教学重点放在教会学生懂得什么是事理说明文的逻辑顺序，抓住说明文的说明方法，用说读课型、析读课型来讲解，简洁明了。我感触最深的是，析读课型的三个步骤第一步，读课文，分析文章写了什么；第二步，分析怎么写的，第三步，分析为什么这样写，然后让学生用"我读了第几段，我明白了_____"的句式说话，学生很快就能明白文章从六个方面去写花红的原因，教师再指导学生理解文章从内到外从主到次的逻辑顺序，感受文章排比段的巧妙结构。这种"读一读""说一说"的方式很适合阅读类似说明文。通过这一篇课文的学习，教给学生方法，让学生学会阅读这一类文章。另外，拓展环节我注意到不能让它喧宾夺主，因此我慎用拓展材料，紧扣文章，重在激发学生探索自然的奥秘的兴趣。但是有一个遗憾，在教学中，我应该把课后练习结合起来，这样整堂课的教学会更加完善。

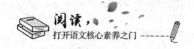

吟诵品味　感受情怀

——《湖心亭看雪》教学设计及反思

教学目标

1. 理解文章内容和主旨。
2. 感悟文章简约之美。

教学重点

1. 赏析雪后奇景。
2. 学习白描手法。

教学难点

理解作者的精神世界。

教学课时

一课时。

教学过程

一、导入

师：同学们，有句诗是"欲把西湖比西子，淡妆浓抹总相宜"，知道指的是哪里吗？生回答：西湖。有俗话说"上有天堂，下有苏杭"，杭州西湖的美景真是扬名天下。今天，我们就来学习一篇写西湖美景的小品文《湖心亭看雪》。

二、了解作者、解题

1. 张岱：（1597—1678）

明末清初文学家。字宗子、石公，号陶庵，浙江山阴人。侨居杭州。清兵南下，入山著书。作品多写山水景物。有《陶庵梦忆》《西湖梦寻》《石匮书》等。

2. 解题

湖心亭位于杭州西湖，常有文人墨客来此赏景，是观西湖美景的好地方。文章写的是西湖什么季节的景物？（生回答：冬季）标题点明了季节，看的是西湖的雪景。

三、读——整体把握课文

师："书读百遍其义自见"。让我们通过朗读，去理解文章内容，通过朗读去把握情感。

1. 请同学们朗读课文，正字音，弄清朗读节奏。

出示 PPT：

祯（zhēn）　毳（cuì）：细毛　芥（jiè）：小草

喃（nán）：小声地说　凇（sōng）：水气

沆砀（hàng dàng）：寒气弥漫的样子。

师：　请大家读一读。

2. 疏通课文

学生结合注解疏通文义，教师指导。

老师讲解重点字词及一词多义：

是：是日——这　是金陵人——表示判断

更：湖中焉得更有此人——还有　是日，更定矣——古代夜间计时单位

白：强饮三大白而别——酒杯　上下一白——白色

焉：湖中焉得更有此人——哪里　不复出焉——从这里

3. 学生整体翻译课文，老师纠正

分男女同学，以句号为单位，男同学朗读一句，女同学翻

译一句。老师指导、纠正句读、翻译。

师：男同学读得很有气势，读得很流畅。

老师朗读指导："大雪三日，湖中人鸟声俱绝。是日，更定矣，余拿一小舟，拥毳衣炉火，独往湖心亭看雪"这句中，"俱、独"要重读，读出怀旧的语气来。

四、读——深入理解课文

师：请全班齐读课文，并思考：

1. 找出写景的句子。

2. 最能体现作者精神状态的字。

（在学生发言并朗读写景句后，老师进行赏析）

五、读——赏析体味课文

1. 佳句赏析：

（1）"雾凇沆砀，天与云、与山、与水，上下一白。"

描写了雪后西湖全景，设造了静寂、空旷、混沌的世界。

（2）"湖上影子，惟长堤一痕，湖心亭一点，与余舟一芥，舟中人两三粒而已"。

用夸张的修辞手法，描绘了眼前景物的渺小、微弱。"一痕"写出了视野的开阔，"一点"显得亭子很小巧，"一芥"和"两三粒"让人眼前一亮，形象地写出了天地的空旷与事物的渺小，对比很鲜明，给人以在茫茫天地间人如沧海一粟的感觉。

师：这些句子，不加渲染，非常简练，真实、形象地描绘出了眼前所见之景。这种不加修饰的描写方法，叫作"白描"。它的特点是抓住事物与众不同的特征，用最质朴的文字，不加任何修饰、渲染，寥寥几笔勾勒出事物的形象。

（3）"天与云、与山、与水"中的"与"字能删掉吗？为什么？

（生思考发言后，老师指导）

师："与"字不能去掉。作者连用三个"与"字，将四种景物融合在一起，如果去掉，四种景物就好像是孤立存在，没有动态的美感。

（4）"见余大喜，曰：湖中焉得更有此人？"

师：用"大喜"二字写出了随同者当时的神情，写出了作者的心理活动。

（5）"强饮三大白"，作者为何如此豪爽？

师：仿佛遇到了知音的激动心情。

（6）"莫说相公痴，更有痴似相公者"，如何理解？（学生思考、回答，老师指导、归纳）

师：他们比作者去的更早，在那里煮酒赏雪，他们都是金陵人，客居此地。

2. 作者的"痴"。哪里看得出来？找出原句。

生："独往湖心亭看雪"中的"独"字，说明作者在天寒地冻的时候自己一个人也要去看雪。"更定矣"还表明是在晚上八点左右。

师：那同学们觉得这是一个怎样性格的人呢？

生：很孤独、清高、与众不同。

师：对，是一个很清高的人，有着世俗之外的情趣，反映出作者孤傲清高的性格。请朗读课文，注意句读，力争读出情感。

3. 全班朗读以上句子。

师：融情于景的佳句，我们试着背一下吧！感受一下天地苍茫天人合一的情景吧！理解在淡雅的文字背后隐藏着的一份悠悠的家国情怀。

4. 总结：

本文通过对西湖壮观的雪景的描写及湖心亭偶遇的记叙，表现了作者文人雅士的孤独清高以及超凡脱俗、遗世独立的高洁情怀。

六、拓展阅读

（1）陶庵国破家亡，无所归止，披发入山……因想余生年，繁华靡丽，过眼皆空，五十年来，总成一梦……

——张岱《陶庵梦忆自序》

师：作者不追求外在繁华，注重自身内心世界，追求与自然的融合，了解作者的生活经历能更深入地理解文本中作者超凡脱俗、思恋故国、内心孤独的情感。

（2）"他用两手攀着上面，两脚再向上缩；他肥胖的身子向左微倾，显出努力的样子"

师：用白描手法，真实再现父亲努力攀爬月台时动作笨拙的背影，没有过多的形容、修饰，却蕴藏深情，写实平淡，打动人心。这就是白描的力量。

（3）江雪（柳宗元）

千山鸟飞绝／万径人踪灭／孤舟蓑笠翁／独钓寒江雪

师：课文表达的是作者超凡脱俗、思恋故国的情感，此诗表达的是作者怀才不遇的孤独。

教学设计：

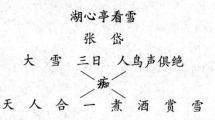

七、作业布置

1. 背诵课文。

2. 用白描手法描写你熟悉的人。

教学反思

张岱是明末清初的散文大家，他的小品文历来受人推崇。《湖心亭看雪》是一篇非常美的文章，文字简练传神，读后让人回味无穷。文言文教学是中学语文教学的重要部分，八年级的学生有一定的文言词汇积累，学生可以通过书下面的注释来疏通课文。老师只给予点拨指导。

教学这篇文章，我主要通过朗读来贯穿课堂，通过朗读让文章自现其义，进而体会作者的感情。在学生朗读课文以后，疏通文义，再让学生找出写景语句进行赏析，一是赏析雪后奇景，通过赏析、品读，使学生更好地理解作者的情感。二是了解白描手法。课堂上，我给学生充分的时间朗读课文、朗读优美的句子，给学生充分的时间进行思考、合作、探究。在拓展迁移环节，我精心选择了三则材料，一是作者的《陶庵梦忆》，目的是了解作者的生活经历，让学生更好地理解文章中作者超凡脱俗和思恋故国的情怀。二是选择了朱自清的《背影》，目的是让学生对白描手法有更深刻的认识。三是选择了柳宗元的《江雪》，目的是与课文作比较，体会两篇文章不同的情感。

"教学是遗憾的艺术"，我自认为我准备构思很充分了，用一节课完成了教学任务，也突出了重点，突破了难点，基本上达成了教学目标。但是课后听取了老师们专家们的意见和建议，发现自己仍有一些不足之处：

1. 学生的合作探究没有很好的落实，留给学生思考的时间太少。有流于形式之嫌。

2. 白描手法的教学处理有点概括和抽象，没有结合课文进行认真的品味。

3. 对于作者的"痴"，我引导学生立足文本进行了体会，但是不够深入，应该结合明末清初，明朝灭亡之时，作者的尴尬境地和对明朝的怀念，作者把精神寄托于山水，以此来寻求

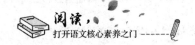

更高远的超脱，在清新淡雅的字里行间饱含着家国情怀。这一点没有讲透彻。

4．语速过快。

尊重个性解读　挖掘深刻内涵

——《植树的牧羊人》教学设计

第一课时

教学目标

1．了解作者，积累词语。

2．默读课文，圈点勾画，概括内容。

3．默读课文，理清文章结构。

学习方法

1．默读法。2．圈点勾画法。3．情景激趣法。4．教师方法指导。

教具准备

PPT 课件

教学过程

一、激趣导入

出示 PPT。图片分别是荒漠、绿洲。面对如此荒凉的土地，你想做些什么？你能做到吗？美国作家让·乔诺为我们描写了一个人，他几十年如一日，默默植树，将荒地变成了沃土，造福成千上万的人。今天我们大家一起去认识一下这个人他究竟谁，又是怎样将荒漠变绿洲的。出示 PPT：想真正了解一个人，要长期观察他所做的事。

（板书课题及作者）

二、认识作者（出示 PPT）

让·乔诺：法国著名作家。在第一次时间大战时曾当过兵，是一个坚定的和平主义者。他的获奖作品很多，被认为是法国 20 世纪最著名的作家之一。1932 年荣获法国荣誉勋章，1953 年以全部的作品荣获摩纳哥王子奖。

三、解题

《植树的牧羊人》中"牧羊人"是主体，"植树"是行为，文章标题告诉我们主人公的身份、所要做的事情。

四、初读课文，把握内容

1. 默读课文，边读边给自然段标上序号，划出不认识的字、词。

（老师指导方法：不动唇、不指读、不出声、不回顾，一气呵成读完全文）

PPT 出示：废墟　琢磨　坍塌　酬劳　不毛之地　刨根问底

2. 概括内容，把握大意。

问：文章记叙的是什么时候的事？在哪里发生的？是一件怎样的事？

（老师指导方法：什么人＋什么事＋结果怎么样）

学生合作探究

明确：文章描述了第二次世界大战时期，在法国普罗旺斯地区，一个牧羊人几十年如一日默默无闻的种树，靠自己的体力和毅力，创造奇迹，将荒漠变为绿洲的事。

3. 默读课文，学会过滤筛选。

问：本文结构上有什么特点？每次看到牧羊人的时候，看

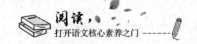

到了怎样的画面？圈点勾画出表示故事发展顺序的词语及关键语句、段落。

（老师指导方法：默读时，针对性地去找表示顺序的标志性词语。）

学生合作、探讨，举手发言、朗读关键句子。

明确：本文以时间为序，以荒原到绿洲的变化为线索。

出示 PPT：

第一部分（1）：作者对牧羊人慷慨无私精神的评价。

第二部分（2—20）：按时间顺序，重点叙述了三次见牧羊人的情景以及高原的变化。

第三部分（21）：再次赞美牧羊人坚强的毅力和无私的精神。

4. "我"在文中的作用？（学生讨论、交流）

明确："我"是故事的见证人。故事以"我"的视角，以第一人称来叙事，这样显得更加真实，也更加利于抒发情感，更方便对牧羊人的一生作出评价。让故事更具有打动人心的力量。

五、作业布置

1. 抄写生字词。

2. 朗读你喜欢的句子和段落，进行积累。

第二课时

教学目标

1. 分析、品读关键语句，了解牧羊人的人物形象。

2. 学习牧羊人的精神品质，树立正确的人生观。

教学重点

通过揣摩对牧羊人的细节描写分析人物形象。

教学难点

理解文章主旨，树立正确的人生观。

学习方法

1．圈点法。2．默读法。3．合作探究法。4．教师指导法。

教学过程

一、导入

上节课我们对文章内容有了了解，今天我们继续深入学习课文。

二、跳读课文，深入理解

问：文章写三次见到牧羊人，每次见到的牧羊人和荒原都有哪些变化？勾画出关键句子。运用了什么写作手法？有何作用？

（老师指导方法：阅读时，要学会过滤筛选，跳过无关的内容，找出与阅读目的有关的内容）

（学生朗读出勾画的句子，品析三次的变化，感受对比的作用）

出示 PPT：

初遇牧羊人：画面一：被弃置的荒村

再见牧羊人：画面二：绵延的森林

最后一次见：画面三：充满活力的田野

明确：对比。突出了牧羊人创造的奇迹，突出了主题。

三、赏析语言，分析人物

1．师：文中的牧羊人是个什么样的人？勾画出文中描写牧羊人的语句。

小组内合作交流、举手朗读自己勾画的句子

（老师方法指导：用"他是一个____的人，从____看出"这样的句式来说说话。）

生1：他是一个极为认真的人，无论对劳作，还是对生活。从他挑选橡子的细节可以看出来。

生2：他是一个有顽强毅力、默默奉献的人，从"战争并没有扰乱他的生活。他一直在种树，种橡子，种山毛榉，还种白桦树"可以看出来。

生3：他是一个慷慨无私、不图回报的人，从"他是在种橡树，我问他，这块地是你的吗？他摇摇头说，不是。那是谁的地，是公家的，还是私人的，他说不知道"可以看出。

生4：他是一个爱干净的人，从"房间里收拾得很整齐，餐具洗得干干净净，地板上没有一点儿灰尘"看出来。

生5、生6，等等。

2．文中运用了哪些方法来刻画人物？找出关键句。

（老师方法指导：人物描写方法有外貌描写、动作描写、语言描写、神态描写、心理描写等）

生1："他就像这块不毛之地上涌出的神秘泉水"这句运用比喻，生动形象地表现了"我"见到牧羊人的欣喜之情。

生2："这些白桦树……向笔直站立的少年"运用比喻，写出白桦树充满生机的壮观景象。

生3："轻轻地放""仔细埋"等动作描写，生动传神地写出牧羊人种树的认真及我的敬佩之情。

3．师：在作者眼里，牧羊人是个什么样的人？请勾画出书中作者对牧羊人评价的语句，说说运用了哪种表达方式？有什么作用？

生1："我才明白，人类除了毁灭，还可以像上帝一样创造。"

生2："这是老实人种树带来的连锁反应，是我见过的最了不起的奇迹。"

生3："我就从心底里，对这位没有受过射门教育的普通农民，感到无限的敬佩，他做到了只有上帝才能做到的事。"

生4、生5，等等。

明确：用了议论和抒情的表达方式。作者抒发了对牧羊人的敬佩之情，赞美了牧羊人的顽强毅力和无私奉献的高尚品质，在结构上与文章开头段相照应，首尾呼应。

4. 根据刚才的分析，用你自己的语言来表述牧羊人是个什么样的人？

生：充满自信、外表整洁、心无旁骛、有毅力有爱心、慷慨无私的人。

师总结：艾力泽·布菲并不是一个真实的人物，而是作者虚构出来表达作者理想的小说中的人物。他是一个普通人，却创造了伟大的事业，用一己之力把不毛之地变成了绿洲。

四、主题探究

1. 作者为什么要把故事放在战争的背景之下来写？

（学生交流、讨论）

明确：战争是残酷的，它带给人们的是绝望、毁灭，而文中牧羊人所做的事是创造，带给人们的是希望和幸福，外界的战乱纷争并没有打扰牧羊人，他一心一意做自己的事。文章将故事放在世界大战这样的背景之下来写，更能突出牧羊人植树的难能可贵。

2. 你认为文章主题是什么？

（老师方法指导：从文章标题、结尾、文章的抒情、议论句去分析把握文章的主旨）

学生合作、探讨（让学生各抒己见，在此基础上老师总结）

明确：

（1）环境保护，表现人应该和自然和谐相处

（2）牧羊人以一己之力，改造了荒原，这是对人类勇气、担当精神的赞美，牧羊人三十年如一日的坚持，是对人类毅力的赞美。

（3）人与人之间与其在纷争中毁灭美好的事物，不如在与世无争中创造美好的事物。

（4）只要心存理想，长期坚持不懈的努力去做，就一定会得到丰厚的回报，人定胜天。

五、深入挖掘

1. 你认为是什么精神支持着老人数十年如一日将荒山变成奶和蜜的田园的？

（学生讨论、交流）

明确：是他的信念。他认为没有了树就没有了生命。老人一生坎坷，两位亲人离开了他，他觉得通过种树是种植生命，以此来寄托自己对亲人的追思。

2. 你觉得牧羊人是个幸福的人吗？为什么？

学生合作、讨论，各抒己见。

明确：牧羊人是个幸福的人。他心无旁骛的做他想做的事就是一种幸福，他的满足是一种幸福，健康是一种幸福，他创造的奇迹让成千上万的人得到了幸福，这就是他最大的幸福。他在种树的过程中收获着不同的幸福。

六、拓展延伸

1. 这个故事有怎样的现实意义？

明确：这是一个久远的故事。但这个故事属于任何的年代，属于世界，尤其属于我们今天的中国人。牧羊人身上那种无私奉献、乐观向上的态度，对于唯利是图、自私自利的现代社会更具现实意义。乔布斯说"活着就为改变世界"，牧羊人实践了这一思想，我们也应该像牧羊人那样，无论身处怎样的困境，不放弃自己，才能让自己得到幸福，也才能给予他人幸福。因为，每个人都是自己的上帝。

2. 文章对牧羊人的形象进行了细致的描写，下面给大家5分钟时间，描写一下班上的同学，并写出你的评价。要运用描写的知识，然后和大家交流分享，猜猜这位同学是谁。

（同学写好以后进行交流、分享）

3．我们所处的社会中也有很多默默"种树"的人，他们以非凡的毅力种植着希望和幸福，你认识或听说过这样的人吗？请你说说都有哪些。

七、作业布置

1．朗读精彩语句并积累。

2．寻找身边的"牧羊人"，为他们写一段文字，记录他们的事情并写出你的评价和感受。

书读百遍，其义自见

——《诫子书》教学实录

教材分析

本课是部编版教材七年级上册中的课文，是第四单元最后一课。本单元的课文从不同方面诠释了人生的意义和价值。本文是修身立志的名篇。文章短小精悍，言简意赅。主旨是劝勉儿子勤学立志，珍惜时间。学习本文重在诵读，并引导学生理解内容，把握主旨，由此积累背诵相关警言以自勉。

教学目标

1．反复朗读，理解文意，把握文章主旨。

2．熟读成诵，积累警句以自勉。

教学重点

理解内容，培养文言语感。

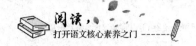

教学难点

体会文章主旨，并体悟其现实意义。

学情分析

学生对于诸葛亮是有一定了解的，与诸葛亮有关的故事有很多，可以从作者入手导入课文，激发兴趣。另外，通过前两课的学习，学生对文言知识也有一定的了解，对文言文的学习方法也有一定的积累。所以本课只要重视诵读，在反复诵读的基础上引导学生深入理解课文，体会文章主旨。

设计思路

该文是一篇文言文，文短意长，古人云：书读百遍其义自见。因此，本设计以"朗读——译读——品读——背读"作为设计思路，引导学生在读中解疑——释疑并学以致用。

教学过程

一、导入

三国时期，有一位能人，上知天文下知地理，号称卧龙先生。同学们猜猜我说的是谁？他，就是中国传统文化中忠诚和智者的化身，诸葛亮。诸葛亮在临终时，写给儿子诸葛瞻一封家书，今天，我们一起来说学习这封带有劝诫性质的家书《诫子篇》。请同学们打开书。

二、作者介绍

诸葛亮：字孔明，号卧龙。三国时期蜀汉政治家、军事家，被称为"古今第一贤相"。

三、解题

"诫"是什么意思？告诫。

"书"我们在《次北固山下》的尾联见过，"家书何处达"

中"书"的意思是？（书信）

《诫子书》的意思是什么？（告诫儿子的家书）。我们一起来读课文，看看诸葛亮要告诫儿子什么。

四、初读文本

1. 学生自由朗读，扫清文字障碍，整体感知内容。

出示：淫慢 险躁 夫 遂 庐（指定学生起来读）

2. 老师范读，学生听读。听准字音和节奏。

PPT 出示朗读停顿：

强调"夫"字的读音和带"非"字的句子节奏。

夫：句首语气词

非淡泊／无以明志 非宁静／无以致远

才／须学也 学／须静也

3. 指定学生朗读，检查听读效果。

五、译读文本

1. 自主学习，结合课文注释理解课文内容。划出不理解的地方。

提示重点词：广：增长 淫慢：放纵懈怠

成：成就 与：跟随

2. 小组合作探究，解决个人疑难，师生共同解决。

师：请同学们提出疑难问题，我们一起来解决。

"非淡泊无以明志，非宁静无以致远"：（双重否定句）不淡泊名利就不能明确自己的志向，不宁静专一就不能达到远大的目标。

静以修身："以"表目的，连词，表示后者是前者的目的。

遂成枯落：最后就像枯叶那样凋零。

非学无以广才：不学习就不能增长才干。

3. 请学生起来通译课文。

不清楚不正确的地方师生共同纠正。

六、品读文本

1. 诸葛亮写这封信的用意是什么？

明确：劝勉儿子勤学立志，要从淡泊宁静中下功夫，切勿急躁。

2. "俭以养德"与"静"有何关系？

明确："俭以养德"是建立在"静"的基础上的美德。

3. 什么才是"君子之行"呢？请同学们找出句子。

明确："静"就是摒弃一切杂念，认真专一的精神状态。只有内心宁静，才能修养身心。

"俭"就是节俭，强调物质生活的低要求对个人品德修炼的关键作用。诸葛亮年轻时隐居田园，亲自耕作，深知物力维艰，所以一生俭朴，为官廉洁，这也是他自己的人生写照。还有没有其他句子？

非淡泊无以明志，非宁静无以致远。

（淡泊明志，宁静致远）

见过这个成语吗？这就是这两个成语的出处。同学们齐读一次。

作者完全可以写成"君子之行，静以修身，俭以养德，淡泊明志，宁静致远。"为什么非要写成"非淡泊无以明志，非宁静无以致远"？

明确：双重否定句，加强肯定语气。作者强调只有淡泊才能明确自己的志向，只有专心致志才能有远大理想。既然是强调，所以要重读。

全班齐读这句。

师：诸葛亮一生的志向是辅佐刘备和刘禅，兴复汉室。在古代未来争夺王位，手足相残的事例并不罕见，面对刘禅的无才无能，诸葛亮完全可以取代他，但诸葛亮却心无杂念一心辅佐刘禅，光复汉室，用行动践行了"淡泊明志宁静致远"，这就是诸葛亮所说的"君子之行"。

诸葛亮认为应该怎样求学？学习需要怎样的条件？

明确：要宁静，学须静也。

那修身呢？

切忌淫慢，防止险躁。

诸葛亮认为"淫慢""险躁"将导致怎样的后果？

明确：淫慢不能振奋精神，险躁不能陶冶性情，将随年岁的流逝，造成精神日益萎靡，从而无用于世，悲守穷庐。

今天学习了这句话，希望对同学们也是一个劝诫。

文章的前四句，作者告诉我们修身需要淡泊宁静，立志成学。那最后一句，作者又想告诉儿子什么？

惜时。

不珍惜时间，抓住机会，就会成为对社会无用的人。

刚才我们深层次地理解了诸葛亮的智慧，现在我们再次诵读文章。

刚才我们说到有个句子是双重否定句，需要重读，要读得意味深长。你发现还有没有双重否定句？齐读出来：

非学无以广才，非志无以成学。

你认为还有哪些句子需要重读？为什么？

悲守穷庐。将复何及？

之前叙述那么多，最后结尾教育自己的儿子。

师：最后结尾教育自己的儿子，要珍惜时间。同学们注意到没有，用了什么标点符号？

明确：感叹号。

请同学们朗读这一句，读出感叹。

师：怎么来得及呢？孩子啊，抓紧时间，珍惜时间吧！

这样的教诲意味深长，包含了一位父亲对儿子的殷切期盼。老师也想和同学们一起来朗读这篇家书，我们一起来体味

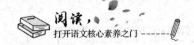

这位父亲对儿子的希望。

七、积累感悟

联系我们的现实生活，你认为《诫子书》中的话语，对于我们今天还适用吗？

明确：真正的智慧是可以穿越时空，历久弥新的。这篇文章概括了作者一生的做人准则，也堪称教子的千古范文。可谓是"字字珠玑，句句哲理，箴规子弟，泽被后世"。千百年来，也被诸葛亮家族作为家训，流芳千古。

你可以在《诫子书》中找到一句话，作为自己座右铭吗？

学生自由发言。

这封家书不仅后人称赞，据说诸葛亮自己也颇为自得，他曾经书写其中一句悬挂在书房。老师也把这句赠给同学们：

非淡泊无以明志，非宁静无以致远

八、总结

经典，永远会在时光的隧道中闪亮。让这些经典语句永驻我们心中，牢记着诸葛亮对儿子的告诫，也作文自己一生的行为准则。宁静、节俭、淡泊、明志、惜时，专于学问，修身养性。愿这些话语伴随我们行走一生。

PPT 出示语句。全班再读经典语句。

九、作业布置

1. 反复朗读并背诵、默写。

2. 课外收集有关诸葛亮的小故事，并阅读《傅雷家书》。

板书设计：

诚 子 书

诸葛亮

淡 泊

诚   立 志

惜 时

《乡愁》说课稿

教材分析

《乡愁》是义务教育课程标准实验教科书语文版七年级下册第四单元的第二首诗歌。是在学习前一首诗歌的基础上进一步学习诗歌的有关知识。本单元所选的四首诗都是现代诗歌中的名家名篇，也是文学史上的经典之作。具有丰富的人文教育资源。余光中的《乡愁》选择了特定历史时期的四个意象，表达了千万游子的思乡之情，表达了他们期望民族分裂局面早日结束，祖国统一大业尽快实现的心情。

教学目标

1. 知识和能力：

①学习现代诗的基本朗诵技巧，做到有感情地朗读。

②了解作者及写作背景，准确理解诗歌主题。

2. 过程和方法：

①师生互动，朗读、品味、感悟诗歌。

②自主、合作、探究。

3. 情感态度和价值观：体会作者深沉的思乡之情和爱国情怀，培养学生热爱家乡热爱祖国的崇高感情。

教学重难点

教学重点：学习现代诗歌的基本朗读技巧；准确理解诗歌主题。

教学难点：通过诵读把握四个意象，体会作者情感，培养

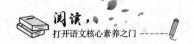

学生的爱国情感。

教具准备
自制课件、配乐磁带

课时安排
1 课时

学情分析
《新课程标准》中要求学生能"欣赏文学作品，能设身处地地体验和理解作品""对作品的思想感情倾向作出自己的评价""品味作品中富有表现力的语言"。

1．学生的生理、心理特征：
初一学生由于自身的人生阅历的缺乏和知识结构的不完善。

2．学生的已有认知结构：
学生在之前已经学过《我爱这土地》诗歌，已经具备初步鉴赏诗歌的能力。

3．学生学习本节课的障碍：
对乡愁的理解、对领悟诗歌的意境有一定的困难，在具体教学中，教师需注意该问题，适时给予帮助。

教学设计
一、教学步骤

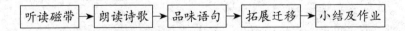

听读磁带 → 朗读诗歌 → 品味语句 → 拓展迁移 → 小结及作业

二、教学方法
本节课属于诵读课型。

主要教学方法有：欣赏法、朗读法、发现法、联想法。

欣赏法：和配乐诗《乡愁》及教师示范朗诵，让学生感受诗歌的音乐美。

诵读法：在老师指导下采用各种形式，如小组朗读、个人朗读、分男女朗读等，让学生体会诗歌的情感美，节奏美。

发现法：引导学生发现、体会作者情感的变化，体会诗中的四个时段、四个意象的构思特点。出示板书设计，帮助学生更好的理解诗歌。

联想法：通过四个意象，想象所描绘的画面，让学生体会诗歌的意境美。

三、学法指导

结合这次教学中的"听读—朗读—品味—迁移"四个步骤，指导学生采取以下方法进行学习：

认真听磁带、深情朗读诗歌、情感体验、合作交流、能力训练。

教学程序

一、导入诗歌

以描写乡愁的古诗句导入。

二、作者及写作背景简介

帮助学生理解诗歌主题；培养学生筛选相关信息的能力，并记住这位著名的诗人。

PPT 出示：

余光中：祖籍福建永春。1928 年生于南京。1949 年离开大陆，在台湾大学外文系求学。目前在高雄"国立中山大学"任教。已出版诗集散文、评论和译著 40 余种。著有诗集《舟子的悲歌》《白玉苦瓜》《与永恒拔河》等。

三、诗歌赏析

美美地听——深情地读——细细地品——自由的说

第一个环节：美美地听

播放配乐诗朗诵《乡愁》，让学生仔细地聆听。

老师提出要求：

1. 要求学生感受诗中的真情，边听边想象诗句呈现的画面。

2. 要求学生注意听朗诵的技巧。

第二个环节：深情地读

教师首先示范朗读一遍给学生听，讲解其中的韵味。完成板书设计。再请一学生朗读，最后齐读。接下来以第一节为例，分小组讨论：1. 你认为应该怎样才能读出诗歌的感情？ 2. 你认为哪些词语或句子用得好？

让学生从节奏、重音、语速、语调四个方面来处理这四个章节。（一生试读，师生评价）老师提出要求：

一读：读出节奏与重音，把握好语速和语调。

二读：把感情读进去。

三读：老师在二读的基础上进行指导，争取读得更美。

第三个环节：细细地品

品诗是一种个性化的阅读行为，请学生从诗的语言、结构、情感几个方面，自选内容，谈谈自己的感受。老师做适当的指导。这一环节充分发挥学生的主动性，展示学生个性。

第四个环节：自由地说

品味了余光中先生的乡愁，带领学生尝试着仿句练习，以"乡愁是……"的句式说一两句或一段有诗意的话。

（设计意图：进行能力训练，让学生懂得通过形象可感的意象可以将抽象的情感具体化，同时掌握比喻的修辞手法。）

四、拓展迁移

欣赏其他乡愁诗，开阔学生眼界。如《乡愁四韵》等。

（1）给我一瓢长江水啊长江水，

　　　酒一样的长江水，

　　　那醉酒的滋味，

　　　是乡愁的滋味……

　　　　　　　——余光中《乡愁四韵》

（2）《秋思》

枯藤老树昏鸦 / 小桥流水人家 / 古道西风瘦马 / 夕阳西下 / 断肠人在天涯。

（3）葬我高山兮 / 望我大陆 / 大陆不见兮 / 惟有痛哭

五、小结及作业布置

1. 背诵《乡愁》——下节课课前背诵比赛。

（设计意图：寓教于乐，让学生自愿而又欢快地背诵诗歌，并在朗读技巧上下功夫。）

2. 选取课文中任选一节诗，发挥想象，给它补充情节，写成一篇 200 字左右的散文。注意要突出原诗的感情——乡愁，可借助景物描写来渲染。想象情节应紧扣邮票、船票等。准备下节课共同赏析。

（设计意图：深刻体会诗歌通过具体可感的意象创设效果的特点。）

板书设计：

　小时候　　思念母亲　　邮　票
　长大后　　思念妻子　　船　票
　后　来　　悼念亡母　　坟　墓
　现　在　　怀念祖国　　海　峡
　　↓　　　　　↓　　　　　↓
　时间顺序　感情顺序　借物抒情

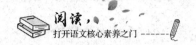

《中国石拱桥》教学设计

一、教材分析

《中国石拱桥》是部编版教材八年级上册第五单元第一课。这一单元，从文体上看，是说明文单元；从题材上看，是有关建筑园林、名胜古迹的文章。教学本单元，要注意课文怎样抓住特征来介绍事物，要理清说明的顺序，了解常用的说明方法，体会说明文准确、周密的语言。本文先从"久、美、坚"三个方面说明中国石拱桥的一般特点，然后列举赵州桥、卢沟桥两个例子来解释石拱桥的共同特点，并着重说明两座桥各自的特点，以此表现中国劳动人民的智慧。本文语言以说明为主，又穿插记叙，严谨周密又不失生动形象。

二、教学目标

（一）知识目标

了解中国桥梁建设的伟大成就，把握石拱桥的特征。

（二）能力目标

1. 了解说明对象，把握对象特征，整体感知文意，初步培养学生阅读说明文的能力。

2. 把握说明顺序，探究作者说明的技巧，理解作者对事物的思考方式，培养学生的概括能力。

3. 揣摩语言，把握说明文语言准确、周密的特点。

（三）情感目标

了解我国桥梁建设所取得的光辉成就，激发学生对祖国文化的自豪感和对聪明勤劳的劳动人民的热爱之情。

三、教学重难点

（一）教学重点

1. 引导学生把握石拱桥的特点，掌握抓住特征说明事物的方法。

2. 品味说明文语言的准确性和严密性。

（二）教学难点

以赵州桥、卢沟桥为例子重点说明中国石拱桥的特点，理解作者的说明顺序，探究作者的说明技巧。

四、学情分析

由于八年级的学生刚接触说明文，对说明文的文体特点和要求知之甚少，所以应该首先明确什么是说明文。所以学习这篇文章前，要进行一节说明文导入课，回忆前面学过的局虚伪和抒情意味比较弄得额课文，在比较中国法学说明文的不同之处，如没有首尾的故事，不以浓郁的感情打动人，不注意细致入微的描写刻画等，然后在学完课文后，和学生共同总结说明文的文体特征。

五、教学方法

朗读法、品读法、合作探究法

六、教学过程

导入

（一）说桥，描摹特征

（老师出示图片，展示各种类型的桥）同学们，你们看看这些桥都有哪些异同点呢？（学生纷纷说出观察到的特点，基本上是从形状上说）桥的出现为我们的生活提供的方便，更为我们的生活增添了一分色彩，那么要我们说说我国桥梁的特点，就要介绍桥梁的形状、构造等等，这种介绍，就是说明。说明，跟记叙、议论一样，也是一种用途很广的表达方式。现

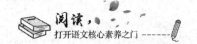

在，我们大家就来学习我国"桥梁之父"写的一篇文章《中国石拱桥》。请大家翻开书。

老师板书课题：中国石拱桥　作者：茅以升

出示PPT：作者介绍：

茅以升：（1896—1989），字唐臣，江苏镇江人，桥梁专家，被誉为"中国现代桥梁之父"。主持修建了我国第一座由中国人自己设计建造的铁路公路两用桥——钱塘江大桥。他还参与设计了武汉长江大桥。著有《中国桥梁史》《中国古桥与新桥》等。

（二）读桥，读出"方法"

1. 现在我们将课文默读一遍，要求：不出声、不指读、不动唇。并给每个自然段标上序号。时间为5分钟。

思考：（1）有没有不认识的字、不理解的词语？（2）中国石拱桥有什么特点？赵州桥和卢沟桥最大的特点是什么？

指定学生分段朗读，其他学生听读，划出不认识的字词。

出示PPT：弧形　洨河　砌　匀称　涧　桥墩

2. 指定学生起来朗读第2、3自然段。

要求：同学们认真听读，找出描写这两段中国石拱桥的词语。

（听读完以后，老师再请同学们都划出词语）

板书：形式优美，结构坚固，历史悠久

两桥特点：赵州桥：独拱　卢沟桥：联拱

引导学生理解说明文的特点：抓住特点

3. 让全体学生读第五自然段。思考：课文说明赵州桥的特点，一共讲了几点？（四点）

师：能不能把第四点移到第一点去呢？

引导学生理解说明文的特点：说明顺序。

（说明文有三种说明顺序：时间顺序、空间顺序、逻辑顺序）

4. 师：卢沟桥上能不能并排通过两辆汽车？

生：能。

师：你怎么看出来的？

生：从桥的宽度约 8 米看出来的。

师：为什么鞋中国石拱桥要举赵州桥和卢沟桥两个例子？

学生回答，老师总结：因为他们最有代表性，一个独拱的代表，一个联拱的代表。

再引导学生理解说明文的特点：说明方法。

老师再进一步阐释，说明方法有：举例子、列数字、大部分、作比较、下定义、分类别、画图表、引用、摹状貌、作诠释。

（三）品桥，体味语言

我们大家一起学习了茅以升的《中国石拱桥》，认识了说明文的文体特征，懂得了说明事物要抓住主要特征，并掌握了一定的说明顺序。同时，为了保证文章内容的严谨性，为了能准确地说明事物，说明文用语很讲究分寸。接下来，我们讨论以下几个例句中加点词语运用的表达效果。

PPT 显示：

1. "旅人桥"大约建成于公元 282 年，可能是有记载的最早的石拱桥。

2. 我国的石拱桥几乎到处都有。

3. 赵州桥在当时可算是世界上最长的石拱桥。

4. 赵州桥也是造成后一直使用到现在的最古石桥。

引导学生讨论明确：（1）"大约""可能"表示推测；对所下的结论不作绝对肯定。（2）"几乎"一词强调了石拱桥分布范围很广，但并不排除有的地方没有石拱桥的可能。（3）"在当时"从时间上加以限制，说明就当时而言；"可算是"表推测，有不确定之意。（4）"造成后一直使用到现在的"也是从时间上加以限制，说明其最古的时间标准。

老师总结：这些词语的运用，准确地说明了事物，四个句子中加点词语的运用都为了达到一个效果：准确、严密。

（四）写桥，写出特点

能力提升——从读到写

我们学习了这篇课文，了解了说明文的一些知识，那么，我们也动起笔来，以遵义的桥为例，写一下它最突出的特点。

老师出示 PPT：

遵义万寿桥：

连接新老城的主要桥梁是万寿桥，解放后更美为新华桥，并将桥加宽至 16 米，基本满足城市交通的需要。50 多年来，新华桥一种是遵义新城老城的咽喉之地，至今仍发挥着重要的作用。

七、播放"港珠澳大桥"视频

被英国誉为"现代世界七大奇迹之一"的港珠澳大桥，在 1983 年有香港建筑师最早提出了建造港珠澳大桥的想法，2009 年 12 月 15 日，港珠澳大桥正式开工建设。它是中国首座涉及"一国两制"三地的世界级跨海大桥，路线总长 55 公里，耗时九年，是世界最长的跨海大桥，其中全长 5664 米的海底隧道是世界上最长的海底沉管隧道。是中国建设史上里程最长、投资最多、施工难度最大的跨海桥梁项目。无论是以前的桥梁还是现在的桥梁，它们是我国灿烂文化中的一个组成部分，是通向世界的一张名片，象征着中国人民的勤劳和智慧。

八、作业布置

假如你是导游，请你根据掌握的说明文的知识写一段话，向游人介绍自己家乡最有特点的一座桥。

板书设计：

中国石拱桥

茅以升

形式优美，结构坚固，历史悠久

赵州桥——独拱　卢沟桥——联拱

说明文的特点：抓住特点　注意顺序

说明方法　用词准确

《老王》教学设计

一、教材分析

本文是选自部编版语文教材七年级下册第三单元的第二篇课文，课本中的"单元说明"明确指出："本单元的课文都是关于小人物的故事。这些人物虽然平凡，且有弱点，但在他们身上又常常闪现优秀品格的光辉，引导人们向善、务实、求美"。作者杨绛用散文的笔调为我们介绍了老王的身世遭遇、与老王的交往以及老王死后作者心灵的愧怍，鲜明地刻画了老王的人物形象，高度赞扬了老王的善良品质，含蓄地提出了关怀不幸者的社会问题。

工具性和人文性的统一是语文课程的基本特点。本文培养学生的爱心、善心则很好地体现了这一特点。

二、教学目标

（一）知识与技能

1. 理解课文，把握文章结构与内容。

2. 深入理解老王的"苦"与"善"，把握老王的性格特点。

3. 体味平实语言中的真实情感，感受平凡人生的人性之美以及作者的平等观念和人道主义精神。

（二）过程与方法

通过自由朗读、独立思考、问题探究等过程，学会运用诵读法、讨论法等学习方法研习文本。

（三）情感态度和价值观

引导学生关注生活当中的弱者，培养学生的爱心、善心。

三、教学重点难点
（一）教学重点

反复品读，把握文章结构与内容，揣摩人物心理，把握人物形象特点。

（二）教学难点

通过"苦"与"善"来体会平凡人物身上的闪光的品格以及作者的平等观念和人道主义精神。

四、学情分析

现在的学生生活普遍优渥，阅历浅显，又大多是独生子女。许多学生只知道一味地接受"爱"，而不懂得如何感谢"爱"，更别说去回报"爱"了。像老王这类生活在社会底层的弱者，他们不了解，更别说去关心了。我认为，语文教学不仅要让学生学到语文知识，更重要的还要让学生体会文中的情感，从而树立证正确的人生观和价值观。因此，应使学生充分理解可谓感情，学会关注身边的弱者，用善良去体察善良，用爱心去浇灌世界。

五、教学方法

教学渗透"以学生为主体"的理念。采用品读法教学，提升学生的品读能力，通过自主学习法来彰显学生个性，合作探究法来提供效率，借助多媒体创设情景，实现学生对课文的理解。

六、教学过程
（一）导入

平凡人物，往往最容易给人们带来感动。因为他们平凡而真实，朴素而高贵，善良而坚强。今天我们来学习一篇写人记事的散文《老王》，去认识一个平凡的人物——老王。

板书课题及作者:《老王》 作者：杨绛

（二）作者介绍

杨绛：原名杨季康，江苏无锡人，作家、翻译家。著有剧本《称心如意》《弄假成真》《风絮》等，小说有《洗澡》，散文集有《干校六记》《将饮茶》，译作有《堂吉诃德》《小癞子》等。

（三）一读——整体感知课文

默读课文，扫清文字障碍。

出示PPT：老师讲解"螺、塌败、惶恐、骷髅、攥着"等字词。

（四）再读——圈点勾画

思考：

1. 老王是一个不幸的人，体现在哪些地方？从课文中划出相关句子来。

明确：老王是个不幸的人，是单干的三轮车夫，无单位、无依靠、无亲人、没有家、瞎眼、得了病。总结：老王的生活——苦。

2. 杨绛是一个幸运的人，体现在哪些地方？从课文中找出相关句子来。

明确：在干校工作、有丈夫孩子、有家

3. 老王与杨绛之间发生了怎样的故事？从文章中找出相关语句。

明确：老王——给我们家带送冰块、车费减半、送钱先生看病、拿了香油、鸡蛋。

如：他说"我送钱先生看病，不要钱""直僵僵""他面色死灰"等，看出老王的身体已经病得十分严重，但这时候还想着给我们送香油、鸡蛋，自己不吃也不要钱。这些细节描写表现了老王讲感情讲仁义，知恩图报的美好心灵，也体现了老王的"善"。

在那样的年代，生命温暖着生命，善良体察着善良，作者一家也同样给了"老王"温暖，请同学们在文中找找，哪些地方体现了作者的"善"？

明确：

杨绛——照顾老王的生意，坐他的车，送老王大瓶鱼肝油，老王再客气也给他应得的报酬，关切询问他是否能维持生活。

这些地方表明了作者富有爱心，具有同情心，尊重别人，也体现了作者一家的"善"。

（五）三读——深入挖掘

学生朗读第8段。反复品读课文。

老师：

在同一个时代，受着不同的苦，但是都用善良温暖着对方，作者还是认为自己是个"幸运人"，文中作者写到"每想起老王，总觉得心上不安，因为吃了他的香油和鸡蛋？因为他来表示感谢，我却拿钱去侮辱他？都不是。几年过去了，我渐渐明白，那是一个幸运的人对一个不幸者的愧怍。"

问题："我"为什么"愧怍"？

老师：作者的这种"愧怍"，并不仅仅是出于他的善良，或者是对不幸者的同情，而是在严厉地自我审视和剖析，清楚地看到双方情感付出的不对等而产生的，回想起来，当时对老王的关爱还不够，老王最后还是离开了人世，所以感到"愧怍"。一个社会，总有幸运者和不幸者，幸运者有责任关爱不幸者，关注他们的命运，帮助他们改善处境。

七、写作手法赏析

本文通过对一些小事的平静叙说，描摹出一个人的性格特点，立起一个"人"的形象，带出一个时代的影子，反映了当时的社会情况，同时也含蓄地提出了"关怀不幸者"这一社会问题。这就是"以小见大"的表现手法。

八、拓展延伸及总结

展示生活中小人物的图片，让学生说一说他们身上的闪光点。PPT 展示：开公交车的年轻女孩、清洁工、修鞋师傅

总结：在一些平凡人物的身上有着美好的品质，博大的胸怀。他们如同尘埃中的花朵，虽然渺小却散发者清香，他们带给我们的感动以及从他们身上反映出来的千千万万普通人的美德，让我们看到光明和希望。我们要尽可能关心周围的人，特别是那些有不幸遭遇的人和处境艰难的人，我们应当用善良体察善良，用爱心浇灌世界。

九、作业布置

请收集自己身边"老王"的故事，自拟题目，写一篇记叙文，不少于 600 字。

板书设计：

老　王

杨绛

愧怍？——尊严

老王：苦——身体之苦、生活艰苦、精神凄苦

善——老实厚道、重感情、讲仁义、知恩图报

杨绛：幸运——有单位、有亲人、有家

第六章　教育，是一场诗意的修行

空杯心态　乐享丰厚与成长

——浅谈教师专业成长

太阳每一天都是新的，它每一天都会重新升起，钟表到了子夜，就会归零，从头开启新一轮的周期。

人生也是如此，只有不断地归零，才能有更多的上升空间。正所谓"吐故方能纳新，空杯才能盛水"。

著名畅销书作家吴甘霖《空杯心态》一书，提出人要有所进步，永葆活力，就需要有"空杯心态"。

什么是"空杯心态"？古时候有个佛学造诣很深的人，听说某个寺庙里有一位德高望重的老禅师，便去拜访。老禅师的徒弟接待他时，他态度却很傲慢，心想：我是佛学造诣很深的人，你算老几？后来老禅师十分恭敬地接待了他，并为他沏茶。可在倒水时，明明杯子已经满了，老禅师还不停地倒。一旁的拜访者不解地问："大师，为什么杯子已经满了，还要往里倒呢？"大师说："是啊，既然杯子是满的，水怎么还能装得进去呢？"言下之意，正因拜访者缺少"空杯心态"，也就装不下任何新的知识了。这个故事的寓意，简单平实却不容易做到，而且时常为人所忽略。

承认自己无知，是求知的第一步。任何人，要想进步，就必须有"空杯心态"。总是守着自己的半桶水，孤芳自赏、不思进取就会成为井底之蛙。时代在变，今天的成就不能代表明天的能力，昨天正确的东西今天不一定正确，以前成功的方法可能就是这次失败的原因。把以前的一切成就抛到脑后，从零开始，才能取得更大的成就和发展。

归零了，意味着新的起点，空杯了，就会谦虚谨慎。

亨利福特说："任何停止学习的人都已经进入老年，无论在 20 岁还是 80 岁；坚持学习则永葆青春。"

我们常常讲"一桶水不响，半桶水响叮当"，强调老师要有"一桶水"，后来又强调老师要有"活水"，这个"活水"，就是说老师要有新的知识。如果我们把这半桶水、一桶水倒掉，那么我们装下的水就是新引来的水，这样就有了"活水"。这就是"空杯心态"。人的思想就像只杯子，装满了知识，如果你想要学到更多的东西，就必须把自己手中的那杯水倒掉，用一个自己的空杯，装进想要的新的东西。教师需要不断成长，就更需要空杯心态。

一个称职的教师，只有怀有"空杯心态"，才听得进建议，做得进学问。二十多年来，我们的教育不断地在进行着变革，从"大纲"到"课标"，从"以教师为中心"到"以学生为中心"，从"应试教育"到"素质教育"，从一支粉笔到多媒体、电子白板、班班通，老师从手拿一本教科书进课堂到现在拿电脑有优盘有课件进课堂，面对新的时代，必须有新的教育模式、新的教育思想，老一套的教法显然过时了，这就要求我们将既定的思维模式抛掉，不断完善自我。

如何保持"空杯心态"，我认为，或许可以从以下几个方面去思考：

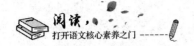

一、放低姿态，对自己的教学，多问几个"为什么"，多思考几个"怎么办"

教师不是上完课就一走了之，而是要反思自己在课堂上的表现：关注到每一个孩子了吗，对课文分析透彻了吗，问问自己学生听懂了吗，学得愉快吗，自己的教法适合学生吗，给学生充分的时间探讨了吗。从而真正做到以学生为本，不再是高高在上的架子放不下来，不再是板着脸满堂灌。

二、静下心来学习

知识需要更新。要学习新的知识，就要学会静下心来沉淀自己，更多地去接纳、包容，随时对自己拥有的知识和能力进行调整，清空过时的知识，保证自己的知识和能力是最新状态，给新知识留出空间，多学习少抱怨，永远不自满，永远在学习，永远在进步。

三、学会放下，保持平常心

空杯心态，就要学会放下。唯有放下，才能向上。不能一直沉浸在过去的光环里安逸享受，要用平常心看待过去的成绩，适时清空自己，以空杯心态迎接人生，以归零思维来面对这个世界，让自己从学徒的心态开始，不断地去学习，才能遇见更好的自己，让自己得到更好、更快的成长。

四、多与同事合作

空杯心态需要合作。要多与同事交流合作。"善人者，不善人之师；不善人者，善人之资"，学习善者找出差距，学习不善者引以为戒，这就是一种谦卑的、积极开放的空杯心态。

五、提炼精华去除杂质

空杯心态并不是全盘否定过去。智慧的人生，实际上是一边拥有，一边清零的过程。这种归零并不是纯粹的倒空杯子，它是剔除其中的杂质，提炼精华，同时要我们少一点计较，多一点付出，额外的努力和付出是你取胜的法宝。拿破仑有句名言："提供你所得酬劳的服务，很快酬劳就将反超你所提供的服务。"另一方面，是努力使自己的杯子扩大，可以更多的兼收并蓄。"空杯"是一种境界，你为自己设定什么样的目标，你的杯子就是什么样的容量。每个人杯子里的内容都是自己以往经验的积累，在面临新环境新事物时，只有调整自己的目标，才会适应新的变化。

吴甘霖在他的《空杯心态》一书中描述了职场中的三种人，主动空杯者、被动空杯者、拒绝空杯者。无疑，拒绝空杯者不会有进步。要想有大的进步和发展，就一定要做主动空杯的人。成功者因为拥有空杯心态，总能轻装上阵，战无不胜。

有这样一个有趣的故事：有"美国人之父"之称的富兰克林，是美国的政治家、科学家、《独立宣言》的起草人之一。年轻时，他曾去拜访一位德高望重的老前辈。当时的富兰克林年轻气盛，挺胸抬头迈着大步，一进门，他的头就狠狠撞到门框上，痛得他一边不停用手揉搓、一边看着门生气。出门迎接他的前辈看到，意味深长地说："很痛吧！可是，这将是你今天访问我的最大收获，一个人要想平安无事地活在世上，就必须时刻记住，该低头时就低头，这也是我要教你的事情。"

六、要有好心态

要有"空杯心态"，就先要有好的心态，不能骄傲自满。在工作中，承担一个新的任务或者接到一个新的工作，有时可能会怀疑自己能否做好，但是如果坚持下去，认真踏实，一定会比想象的做得更好。多年前，学校安排我当班主任，我一直没有信心，总觉得自己做不好，想到要管理好全班五十几个学生，我心里就直打鼓。在同事们的鼓励和帮助下，我虚心向老教师、老班主任请教，认真分析班上每个学生的情况，主动和家长沟通，随时关注、协调学生和科任老师之间的关系，体贴、关心每一个学生，经常和学生交流，经过一段时间的努力和坚持，我所带的班级在纪律、班风和学风等方面有了很大的转变，得到了学生的喜爱、同事的赞赏和领导的肯定。如今回想这个过程，当初的我没有任何经验，怀着热情，低下身段和学生打成一片，做学生的知心朋友，没有一点老师高高在上的架子，从来不用空道理、大道理去教训学生，我想这就是"空杯心态"吧！从零开始，虚心接纳新的事物和新的工作内容，不断挑战自己，坚持到最后。

空杯心态是一种良好的学习心态。很多时候，我们总用各种理由来让自己停止学习。总是说，自己年龄大了不想学；感觉自己学的够多了，不愿意学；也觉得自己经验丰富，身边年轻老师都不如我。为人师者，满则溢。我们只有活到老学到老，才能永葆活力。

做老师的，教材年年有变化，学生年年不同，我们不能用以往的老教法来教育不同的学生，我们必须不断反思自己在教学中的不足，更新观念，才能找到适合学生的教学方法。

单位上有个刚来的同事，非常虚心。他经常去听老教师的课，下课后又虚心请教，他经常说某个老师上课特别有激情，某个老师的朗诵特别有感染力，某个老师驾驭课堂能力特别强，某个老师特别会用启发式教学营造良好的课堂气氛等等。这位老师对自己在教学上的不足进行反思，深入地剖析自己反思自己，把自己放空，虚心的向他人学习。其实，他也是应聘老师中挑出来的佼佼者，也有着丰富的教学经验，可他的态度却如此谦虚，这种精神就是"空杯心态"！只有这样才能学到更多的东西。这样的老师，一定是做事有规划、发展有蓝图、成长有方向。

教师常怀空杯心态，努力充实自己，丰富自己，一步一步地，就会成为学科领域的行家里手，逐渐走向优秀。塑造自己的空杯心态，就要时常清空自己的"杯子"，让自己的心态归零、谦虚、勤奋，才能装的更多，受益更多。

"谦受益，满招损"。拥有空杯心态的人是有大智慧的人。忘却成功，清空自己，去除杂质保留精华，多学习少抱怨，永葆进取之心，人生一定会渐入佳境。

做一个充满活力的老师

《义务教育语文课程标准》的实施和推进，使以人为本、以生为本的理念深入人心。课改的春风促使教师改变着观念，进而改变着课堂。教学越来越注重学生的身心特点，老师也努力在教学过程的艺术化、教学方法的科学化上下功夫，课堂上采用灵活多样、让学生乐于接受的方式来教学，以人为本的快乐教学成了教师的追求。在这种课程新理念的背景下，老师们越来越深刻地认识到，只有打造充满活力的课堂，才能激发学生的学习热情，我们的教学活动才能得到更好的开展。

"教育的终端是教师"。这句话说出了教师的重要性。任何教育理念都需要教师去贯彻实施，需要老师去践行。教师的工作是与孩子们打交道，孩子们喜欢生动有趣的课堂，喜欢富有活力的老师。没有活力，缺失激情的老师，他的课堂将会是沉闷、保守的，这样的课堂一定不会得到学生的喜欢。不动情感的教育只会带来疲倦，这样的学习会成为学生沉重的负担。那

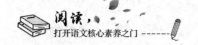

么，要让自己的课堂生动起来，要让自己在学生的眼中充满魅力，就要做一个有活力的老师。

一、要有健康的身心

健康的身心，表现在身体健康，同时思想上也要与时俱进，课堂上要饱含激情，要让学生感受到，他们的老师年轻富有朝气。有年轻人的心态，即便是五六十岁也同样能跟上时代旋律，与学生交流也会找到共同语言。陶行知先生说："世上有十八岁的老翁，八十岁的青年。"十八岁的老翁，观念更新，与时代同步，活力充沛，那就好比是年轻人，八十岁的青年，没有精气神，跟不上时代步伐，也是暮气沉沉。人的年轻，不仅关乎年龄，更关乎心态。心态年轻，他的语言、思想不落伍，自然让人感到有活力有朝气。

优秀的老师永远应该像年轻人一样热爱生活、奋发进取，将生活中的不幸、痛苦，深埋在自己的心底，永远用微笑面对学生，用微笑感染学生，不在学生面前随意贬低他人人格，以积极向上的人生观和乐观的情绪去感染和影响学生的成长，让学生在教师的言行中受到潜移默化的熏陶。健全的人格、健康的身心，是做好本职工作的前提，也是幸福教育生活的支撑。

没有健全人格的教师，只会在知识和考试里挣扎。一个能跑能跳、积极向上、乐观自信的老师，他的一言一行都会了无痕迹却又清晰鲜明地刻在学生的心头，能深深的影响和感染学生，使学生以积极的态度对待学习和与同学相处。这种无声的教育，正是"润物细无声"，能够滋养学生良好的品格。可见，一个充满活力的老师对学生的影响是巨大的。

一个人身心是否健康，是否充满活力，还要看他是否跟上时代的节拍，是否自觉融入日新月异的社会。一个有活力的教师，既要懂得继承优良的传统，汲取传统文化中的精华，又要根据时代的要求自觉提高自身素养，优化教育行为。

二、要有广泛的兴趣爱好

知识渊博、情感丰富的老师能够激发学生的学习欲望，一个只会"传道授业解惑"却没有情感的老师，肯定得不到学生的喜欢。老师要想成为有活力的人，要想在三尺讲台上充满魅力，就必须要有广泛的兴趣爱好。正所谓"功夫在诗外"。古人读书，除了阅读经书外，还要"礼、乐、射、御、书、数"等方面的学习。何况时代已经发展到今天。有的老师，业余时间里喜欢旅游、看电影、听音乐、练书法、打球、下围棋等，兴趣爱好非常广泛。这样的老师，见多识广、思维活跃，有广博的知识和深厚的生活积淀，在教学中定不会墨守成规，保守呆板，更容易去尝试灵活的教法，学生更敬佩这样的老师，更乐意接受这种老师的教育。这样的老师，其教学一定会更加的得心应手、游刃有余。

三、教学语言风趣幽默

由于升学考试的压力和教学进度，一些老师在课堂上只管赶进度讲知识点，课堂气氛死气沉沉，学生学习兴趣也不高。

做一名优秀的老师，就不应该只把课堂当作传承知识的场所，而应该把课堂当作师生交流思想感情、碰撞智慧火花的地方。富有情趣、具有独特的个性魅力的教师，在丰富的知识教学中，不失时机地幽默一下，既能使学生紧绷的神经得到放松，又能使学生在开怀大笑中接受知识，这样的教师往往让学生铭记在心，永难忘记。记得我一次在给学生讲应用文的知识时，我让学生起来口述借条的格式，学生说道："今借到小强《新华字典》用本……"学生回答完后，我说，小强和我们真有不解之缘，真是"打不死的小强"，学生们会意一笑。

有个物理老师，课堂语言丰富生动，时不时会说一两句"OK？""你的答案让我很受伤"或者评价学生说"你 OUT 了"，布置作业时对学生说类似"不多不多，多乎哉？不多"的语言，整个课堂不时传出学生的笑声，他的物理课学生很是喜欢。风趣活泼的教学语言，增添了学生的兴趣，活跃了课堂气氛，又让学生对教师也产生了敬意，营造了良好的课堂氛围。

四、构建和谐平等的师生关系

要让课堂充满活力，必须构建和谐平等的师生关系。老师要尽可能地去了解每一名学生的兴趣爱好和性格特点，与学生打成一片，充分尊重学生的个性，成为一个散发正能量的老师，切记不能把不良情绪带到教学中去。课堂上要鼓励学生勇于表达自己的想法，多使用温暖的语言、鼓励的眼神，对学生的进步给予及时的表扬，并制定一些奖励机制，树立学生的自信心，培养学生的竞争意识，让更多的学生参与到课堂活动中来。有一次，我开展作文竞赛活动，让学生在规定时间内完成作文，分设一、二、三等奖，并且张贴一等奖的作文进行展示。学生兴趣高涨，都力争获奖。取得了很好的效果。

构建和谐平等的师生关系，还要注意到每一个学生的个体差异。充满活力的课堂需要每一个同学的参与，但是，基础不同、理解能力不同、学习兴趣不同，每一个学生的参与程度是不同的。老师对每个学生的情况要做到心中有数，实施分层教学。成绩好的，设置相对难的问题，那些相对简单的问题则提问能力较差的学生以满足学生小小的成就感，培养学生的自信心。用这种方式让每一名学生都有机会有能力参与到教学活动中来。

五、开展丰富多彩的课堂活动

《义务教育课程标准》中"以人为本"的教学理念，要求我们树立以学生为主体、教师为主导的课堂教学模式，要充分尊重学生的意愿和感受，课堂是教师开展教学活动的主要阵地，但学生才是课堂的主人。再丰富多彩的课堂活动，学生也是这个教学活动的主力军。如我在上《犟龟》一课时，我布置了让学生表演课堂剧。学生用自己的语言演绎犟龟不惧困难、执着前行的模样，几个同学演绎犟龟前行路上遇到的各种劝阻者，学生丰富生动的对话、富有感染力的肢体语言把各种人物形象刻画得栩栩如生。我在上《我有一个梦想》时，我在班级开展了"我是演说家"的活动，布置学生根据所学知识写演讲稿并背诵，然后进行有感情的演讲，我借鉴电视综艺节目的形式，同样组建"战队"，使竞赛一度达到白热化。一方面锻炼了学生的写作、演讲、口语表达能力和应变能力，另一方面也激发了学生的竞争意识和团队精神，学生们在演讲活动中也展现了不同的才艺。

总之，要让课堂充满活力，就要结合学生的身心发展规律，调动一切可以调动的因素，让教育工作更为有效，更有情趣。让我们都努力做一个充满活力的老师，从而滋养学生，幸福自己的教育生活。

以人为本 智慧管理

——谈谈班主任管理艺术

做好班主任工作是一个好老师的标志。要做一个合格称职、受学生喜欢的班主任，需要时刻琢磨学生，用心尽力，把全部心思用在学生身上。一个有良好班风、充满凝聚力的班

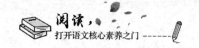

级，离不开班主任的人格魅力、教学水平和管理艺术。

在班级管理中，班主任是核心力量。要营造良好的班风、造就一个积极向上团结互助的班集体，班主任起着举足轻重的作用。

一、协调好科任老师与学生的关系

当班主任，就像带兵打仗，班主任是统帅，科任老师是将领，学生是士兵。作为班主任，要协调好科任老师之间的关系，协调好科任老师与学生的关系。每个老师都有自己的教学风格，教学能力也有差异，学生的认可度肯定是不同的。班主任是科任老师和学生的桥梁和纽带。班主任要努力营造让学生尊重每一位老师的氛围，不能因学生个人的喜好任意去评价老师、挑剔老师甚至顶撞老师。我通常的做法是告诉学生科任老师的长处和优点，告诉学生们科任老师的良苦用心。比如说：告诉学生某位科任老师为了丰富自己的教学内容加班查阅资料、某个科任老师在改学生试卷的时候对某个学生大加赞赏，某个老师在办公室里夸赞学生、以学生为荣的骄傲之情，我又告诉科任老师学生对他的喜爱，虽然有时候我是"添油加醋"，但是却收到了非常好的效果。我这样做的目的是团结好一个团队，让每一个老师都能在这个和谐的集体中冲锋陷阵，打好每一场仗。

二、赢得家长的支持

除了协调好老师和学生之间的关系，还要处理好科任老师与家长的关系，让老师们的教学得到家长的支持。多年的班主任工作，我发现学生在老师和家长的面前表现是不同的。学生在父母那里是孩子，在父母面前会更加任性，而家长看到孩子的叛逆也容易在孩子面前发脾气，当孩子与家长出现不和谐的情况时，班主任的角色可以更好地缓解孩子和父母之间的矛盾。我经常会遇到这样的事，一到周末，有的孩子在家玩电脑到深夜，有的孩子睡懒觉不做作业，有家长管不住孩子就打电话给我，要我帮助家长说服孩子。我在电话里跟学生沟通，收到很好的效果。

当然，当孩子在学校出现问题时，也不要动不动就请家长，即使是开家长会，也只是和家长交流学生的情况，而不能是一开家长会，孩子回家就会被打骂，这样学生和班主任之间容易产生抵触情绪，也解决不了任何问题。在我做班主任的许多年中，我的班主任工作得到了家长的认可和好评。因此，每逢学校的大型活动比如一二·九活动、艺术节、体育节等，都得到了家长们积极、无私的支持和帮助。记得有一年一二·九活动，学校举行歌咏比赛，有个学生的家长在大学当音乐老师，非常热情地来给班级排练节目，而且每天坚持一个小时，直到比赛结束。有的家长去给孩子们买服装、谈价格，比赛的时候，好多家长来给孩子们化妆、拍照。这样的事情不胜枚举。赢得家长的支持，学生的积极性更高，在比赛中拿奖也是水到渠成的事。

三、培养一支有责任心的班干部队伍

优秀的班级离不开一支优秀的班干部队伍。很多老师抱怨自己的学生没有能力，没有责任心，找不到班干部人选。其实，学生的潜能无限大，只要你有心培养班干部，不愁找不到"能人"。我有一年担任初一年级的班主任，学生要军训，需要找一个军姿比较标准、能喊口令的人带队，我让学生们毛遂自荐或者相互推选，有个女同学找到我说她想试一试，我答应了。经过一段时间的练习和我的观察，发现她真的可以担当重任！老师们都说"没有想到她还有这个本事"，因为小学时候好多老师都觉得她的学习成绩不太好，从来没有哪一个老师选

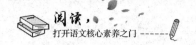

她担任班干部。而这一次军训的亮相，令老师们对她刮目相看。自此以后，这个学生自信满满，一直担任班干部，而且非常负责任。班主任要善于挖掘学生的潜力，找准"领头雁"，不用有色眼光看待学生，要给学生提供机会和平台。

当然，班干部要分工明确，纪律委员、劳动委员、文艺委员、学习委员等各负其责。每天的劳动卫生、值日分工也有细则，并有专门人员检查。这样安排下来，大家都各司其职，班级工作自然做得井井有条。

"火车跑得快，全靠头来带"。优秀的班干部，在班级中能起到表率作用，能够感召全班学生，使班风纯正，增加同学们的班级责任感和荣誉感。

四、取得信任，与学生交朋友

班主任工作是一种事业，而不只是一件事情。如果你只把它当作一件事情，它就只是一件事情，做完就脱手。如果你把它当作事业去做，你就会付出自己的精力、心血和情感。

从我担任班主任的那一天起，我就一直把"一切为了学生"作为自己的工作准则，无时无刻、事无巨细为学生牵挂、操心。多年来的班主任工作给了我许多启发，最大的感受就是：要当好班主任，一定要取得学生的信任，与学生建立和谐、亲密的关系，成为学生的朋友。

如何取得学生信任呢？我认为，班主任首先要说话算话。不要轻易在学生中许诺，一旦承诺，就必须要兑现。确实有客观情况不能兑现，也一定要给学生解释清楚，以求得学生的理解。记得有一次，我答应过学生，半期考试后搞一次野外活动，学生们非常兴奋，积极准备。但考试过后两周了，我迟迟没有实现承诺。由于学生考得不理想，他们也没敢问我。那段时间，学生们情绪低沉，私下议论说我是一个说话不算数的人，往日和我亲近的同学也不来我办公室了，甚至看到我尽量躲着。我察觉到学生与我有了距离。看到他们的不满情绪，我已感到只凭成绩不理想就可以板起面孔教训他们，答应的事情可以不算数，那以后的工作将会难以开展。于是，在那个星期五下午两节课后，我当众宣布去附近的公园进行登山比赛。学生们立即欢呼起来。那次活动，学生们极其配合，师生间也更加默契。学生们了了心愿，对我而言，也挽回了学生们对我的信任。

　　当然，只有信任还不够，还得和学生交朋友，不能成天端着班主任的架子，而是要走到学生中去，与他们交流、谈心。

　　我曾经接到这样一个班级：这个班共有 50 个学生，有 10 个来自单亲家庭，5 个长期生活在外婆或奶奶家，都不在父母身边，大部分来自普通菜农或小生意家庭，还有两个学生的母亲长期在外省打工，只有父亲一人陪伴他们。父母文化程度较低，对孩子管教不严格，学生们没有良好的家庭教育。这些学生学习习惯较差、学习基础较差，自觉性也不够高。从了解了这些学生的家庭情况的那一天气起，我就感到班主任工作的担子之重、任务之艰巨。各种客观原因使得这些学生没有良好的学习环境、学习习惯，有的还有一些不良的习气，如懒惰、撒谎、胆大、不讲卫生、说脏话等。

　　面对这些学生，我常常有一种心力交瘁的感觉，尽管我一直任劳任怨的操劳着。有时我也有困惑，也有动摇。但是，每当看到他们纯洁、无助的目光时，我又被深深地打动着。是啊！单亲家庭、贫寒家境、没有文化的父母，这些都是他们无从选择的，我们有什么理由嫌弃他们、有什么理由看不起他们？他们和同龄的孩子一样，也有自己的思想，也有自己的情感。班上有一位叫梁彤（化名）的学生，父母从务川县来到遵义殡仪馆打工，家境不太宽裕，梁彤也是一个很内向的学生，到了初二下学期，梁彤也遇到了早恋的烦恼，白天趴在桌子上

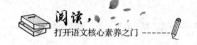

睡觉，放学不回家，父母急坏了，找到我，要我想办法。我连夜找学生帮忙找他，两个小时后，终于找到了在电脑房呆坐的他，我和他谈心，动之以情，晓之以理，一直到晚上 12 点过，他才同意回家。而且在这以后，他都做到了按时上课，按时回家。后来他还给我写了一封信，说他想通了，也表达了对我的感激之情，还问我感冒好没有，这让我非常感动。这封信到现在还一直保存在我的抽屉里。能取得学生的信任和爱戴，这是我最感到欣慰的事。

　　对梁彤是这样，对其他同学也是这样。初二、初三的学生，正处在青春发育期，这个年龄阶段的学生，需要的不是训斥，不是指责，他们更需要温暖，需要关怀。我深深懂得这一点，于是常常利用工作之余，耐心细致的做他们的思想工作，关心他们的情感，关心他们的感受，与他们同喜、同悲，而这些，我都是发自内心的，不由自主的。我每学期都与各个学生的家长有多种形式的沟通与交流，有的多达十多次。了解他们，是为了更好地帮助他们，而越走近他们，就越感到他们需要更多人的关心、更多人的爱。在内心里，我已把他们当成了自己的孩子，为他们睡不着觉，为他们高兴。虽然班主任工作，常常让我感到辛苦、疲劳，可我又是那么深深地爱着我的每一个学生，也因此一丝一毫也不敢懈怠。有些学生由于家庭、学习环境、基础差等各种原因，成绩的进步不能立竿见影、不能马上就能见到成效，更需要老师的关心和呵护。

五、严格要求、公平对待、多加鼓励

　　班主任要对学生严格要求，每一项班级制度的制定都需要每个学生去遵守，去执行，否则，班级就是一盘散沙，学生也放任自流。各个层次的学生在生理、心理上的特点都不一样，接受能力也是有差异的。学生良莠不齐，我们就要区别对待。

对于优秀的学生，不偏袒，不宠爱，时刻提醒他们不只要成绩好，还要品德好，教育他们要懂得去帮助他人、关爱他人、包容他人。对于成绩稍差的学生，给他们尊重、理解、信任。公平的对待每一个学生，对于班级的事务如调换座位、奖励和惩罚等大事小事都一视同仁，让学生在公平、公正的班级环境下健康成长。

在严格要求的同时，班主任要善于捕捉学生身上的闪光点，当学生有进步时给予及时的表扬和肯定，并且适当的放大他的优点，掌握好"火候"，"用放大镜看学生的优点，用缩小镜看学生的缺点"。学生在你的鼓励和表扬下，一定会有意想不到的进步。

好的班级管理绝不是靠哪一方面就可以达成的，它涉及方方面面。优秀班级的形成也不是一日之功，它需要班主任精心管理，用心付出并持之以恒。对于学生来说，班主任就是教育者、领路人，班主任管理工作富有艺术，才会打造出团结向上的集体，我们的学生才会健康地发展，健康地成长。

用"爱"建设班级文化

一切教育，从爱开始。作为班主任，更要做一个有心人，时刻去观察学生关心学生，与学生建立深厚的友谊，达到心灵的沟通。这说起来容易，做起来难。因为关爱学生，不只是简单的问一句、表扬一下，它要讲究策略，讲究方法。衡量一个班级是否有凝聚力，是否优秀，最终要看这个班的班主任是否关爱学生、怎样去关爱学生的。作为多年的班主任，我谈谈我的一点做法和体会。

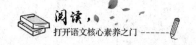

一、关爱学生，要走进学生心灵

教育要以人为本，优秀的班级管理应该以学生为本。以学生为本，就要关爱学生，就要了解他们的所思所想。每当我接到一个新的班级，我一定会积极、主动找学生聊天，了解他们的想法和性格，了解他们的家庭，了解他们在家里的作息习惯。根据每个学生不同的情况进行教育。就拿每天做作业这件事来说，有的学生为什么没有及时完成作业，是生病了，还是贪玩了，还是另有原因。这些，班主任都要做到心中有数。记得曾经有这样一个学生，她的成绩不错，平时也很遵守纪律，也从来没有不完成作业的情况。那天早上，她的作业都没有交，按照班上的规章制度，就要进行处罚。我马上就感到她一定遇到了什么事情。于是，找她单独到我办公室谈话，通过了解，知道她是因为外婆重病住院，她妈妈在去医院的路上又出了车祸，一家人乱作一团，所以她没有按时完成作业。了解到这种特殊的情况后，我当天对全班同学说，她的作业可以延缓上交，我还告诉学生们，我们的规定是避免那些贪玩偷懒的情况出现，制度只是手段，认真学习才是目的。不能一刀切，对那些认真学习、遵守纪律的学生来说，我们要给她们以充分的信任，要给他们机会，因此，我们的规定又是人性化的。这样一解释，同学们都心服口服，觉得老师处理得当。

还有这样一个学生，她的父母离异了，她跟着母亲生活，可是不久母亲又重新组织了新的家庭。该学生整日郁郁寡欢没有笑容，上课也是无精打采，总感觉全世界都抛弃了她。这时候就要发挥班主任的管理艺术了。如果我表现出特别关注她，特地找她谈话表达对她的关心，那这样的方式可能越发会刺激她敏感、脆弱的心灵。因此我装作什么也不知道的样子，上课时不时提问她，尽量找出她的优点进行鼓励和表扬，她说得不好的地方我也及时纠正，让她察觉不出什么异样。我还装作不经意的样子让她给我拿书、到办公室分发报纸、试卷，我的目的是让她多接近老师，多和我交流，也在同学们中间营造出她最近有进步、表现好，因此得到了老师的喜爱的大环境，她感到老师需要她了，班级需要她了，同学们也喜爱她了，感到世界很美好并没有抛弃她。这样一来，她逐步的有了自信，话也多了起来。经过这样无声的努力，我们终于看到了她脸上久违的笑容。

二、关爱学生，要发现学生的闪光点

我们常说"朽木不可雕也"。初中阶段的孩子，可塑性很大，只要老师善于发现他们身上的闪光点，一样会产生良好效果，你会惊喜地发现"朽木"也可雕。

我曾遇到这样一个学生，据说是经常迟到、打架、上课睡觉、与老师顶嘴，是大家眼中出了名的"差生"，休学一年后回到学校，哪个班班主任都怕接收他。学校安排他来到了我的班级。果然，与传言一样，这个同学不做作业、迟到、早退、甚至打架。我刚开始也看不惯他，心里暗暗对自己说：可别惹出大乱子来！可是有一天他和隔壁班一个学生打架了，两个学生来到我办公室论是非，双方的家长也来了。两方各执己见，互不相让。我把这个学生单独叫到一个办公室，让他仔细地谈谈经过。原来是对方借了另外一个同学的钱一直不还，他看不惯所以"打抱不平"。当着双方的面，我指出双方动手打架肯定不对，都要认识到自己的错误。事后，我又单独把这个同学留在办公室，肯定、表扬了他的初衷，同时给他提出建议，在帮助同学的时候用怎样的方式更好，他很乐意地接受了我的意见。以此为契机，我在班上当着所有的同学表扬了这个同学的善良和帮助同学的思想，同时也指出了他"出手相助"这种不对的行为。从此以后他很听我的话，人也变得很开朗、很热情。迟到早退的等现象也减少了，也改掉了许多不良习惯。大家都明显地感到了他的变化和进步。对待这个大家眼中的"差

生"，我并没有戴着有色眼镜去看待，不分青红皂白地批评一通，而是一分为二，该表扬的表扬，该批评的批评，而我的肯定对这个从来没有被表扬过的学生触动很大，从此以后，班上也没有哪个同学用"差生"眼光来看他了，他自尊心得到了保护，自信心明显增强。

我想，班主任万万不能用差生、后进生的标签去区别对待学生，要善于抓住教育、引导学生的最佳契机，掌握好批评的艺术，善于发现学生身上的闪光点，帮助学生树立自信心，让他们感到只要通过自己的努力，一样可以成为一个好学生，一样能够成为班集体中重要的一分子。

三、关爱学生，要构建平等和谐的师生关系

在教育活动中，班主任是核心、是灵魂，是班级活动主要的组织者和教育者。但是，教师不是高高在上的主宰者，不是绝对的权威。老师和学生之间应该是和谐、平等的关系。老师不能武断，要允许学生发表不同的意见，师生有分歧时要平等的交流和沟通，哪怕学生发表的意见不对，也要耐心听完，要以理服人。师生之间只有经常交流经常沟通，才能真正得到学生的喜欢和信任，才能真正走进学生的心灵。如果总是盯着学生成绩不放，总是在指缺点挑毛病的老师，学生怎么愿意亲近你呢？怎么愿意和你交心呢？我认为，班主任要做"学生中的首席"，放下身段，师生双方换位思考，学生平等对话，就一定能达成统一的意见。

"关爱"这个话题说起来容易做起来难。对于班主任来说，怎么去"爱"学生，这是一门学问。用心去观察学生、理性地去爱学生，才能得到学生的信任和热爱。希望每一个班主任都能用细致、耐心的工作，为学生排忧解难，做学生的好朋友、知心人，引导学生健康成长。

春风化雨　静待花开

——单亲家庭孩子心理健康的教育探索

　　随着时代的发展，婚恋观念的改变，传统的婚姻家庭观念受到了冲击，离婚率越来越高，导致学校中单亲家庭的学生越来越多。怎样让单亲家庭学生健康成长，是每个班主任都要思考的问题，对这部分学生的教育，班主任要采取更多的技巧和方法。

　　单亲家庭是指不完整的家庭，包括离婚、一方去世等情况。单亲家庭在一定程度上对子女的教育是有所缺失的，单亲家庭子女在心理方面存在着很多问题，这给班主任管理工作带来了很大的困难和挑战，我们必须重视单亲学生特殊的心理现象并采取合适的教育措施。这里主要讲班主任对父母离异家庭子女的心理引导。

一、单亲家庭学生存在的问题

　　据统计，离异家庭的子女大部分都处在义务教育时期，主要集中在初中教育阶段。

　　单亲家庭学生在心理上都会存在这样那样的问题，父母的离异让他们的心理受到很大的伤害，导致他们在心理、学习、人际关系、情感等方面都存在很多问题。我梳理了一下，大致有以下几种情况：一、父母离婚很丢脸；二、父母抛弃了我；三、我没有爸爸或妈妈；四、我没有母爱或父爱；等等。如果父母一方再婚并且有了孩子，学生更觉得自己是多余的。有这些问题的孩子，会因缺失父爱或者母爱导致心理失衡，常常感到孤独自卑，早恋、自我封闭、性格孤僻、敏感脆弱、不愿和老师交流沟通，

对同学冷漠，有的甚至不诚实，有的很叛逆，有的表面坚强内心非常脆弱。表现在学习上则是不认真，上课注意力不集中，不完成作业，对学习或者班级集体活动也没有兴趣。

二、单亲家庭家长在教育孩子方面存在的现象

父母关系不和，家庭破裂，父母教养方式不当等因素，都会影响孩子的学习和性格。父母离婚对孩子的伤害，不仅是离婚本身，还来自父母对离婚的不正确态度。单亲家庭中部分家长不能正确处理自己的感情，离婚后忽视对孩子的疏导和陪伴。有的家长离婚后互相仇视，认为家庭的重担落在自己一个人身上，经常当着孩子的面向他人哭诉自己辛苦的带孩子养孩子，数落对方的不是，根本没有顾忌孩子的自尊心，有的家长又过分溺爱迁就孩子，满足孩子的一切哪怕是无理的要求，有的家长则放弃了对孩子的管教，把孩子交给他们的父辈，让外公外婆或是爷爷奶奶监护孩子，这种"隔代教育"对孩子的成长或多或少都有一些影响。这些处境中的孩子没有安全感，在性格的养成上也常常变得懒惰、自私、霸道、自卑、冷漠、固执等，因此，做好单亲家庭学生的心理引导，是班主任面临的新课题，它需要班主任投入更多的智慧和精力。

我的学生里曾有一个女生，她刚上初一的时候，非常活泼，对班级各种活动也很热心，语文成绩也不错，因为表现优异我推选她担任语文课代表。她也做得非常好，带领着同学们早读，对工作非常认真负责。但是，几个月以后，这个学生变了，以前很开朗的她变得不爱说话，上课无精打采，也不热心班上活动了，还经常不完成语文作业，整个人很消极，我找她问情况，她要么说忘记做了，要么说作业放在家里忘记带来了，甚至还撒谎说家里有人生病住院等等，种种反常，让我感觉到在她身上一定发生了什么事。我没有当众训斥她、责怪她，而是多次私下找她和她交流。刚开始，她什么也不说，也

不正视我。凭着多年的经验，我更坚定了她一定有难言的苦衷。经过我多次的沟通，终于有一天，她含着眼泪，对我说，她的父母早在两年前就离异了，她随父亲生活。一年前她的爸爸再婚，不久前她爸爸和继母生了一个男孩，她的爸爸本就有着重男轻女的思想，自从有了这个儿子后，忽视了对她的关心，从不问她的学习情况、生活情况，也没有了解过她的想法。她感觉自己在家里就是多余的。当时她给我讲这个事情的时候那种无助真是令人心疼。

三、对策

在我担任班主任的十几年时间里，碰到过很多单亲子女。如何解决来自单亲家庭对孩子的不良影响，使这样的孩子和其他正常家庭的孩子一样有着健康的心理，是每一位教育工作者都感觉棘手的问题。根据我十几年班主任的工作经验，我觉得有以下几点对策：

（一）了解把握单亲家庭孩子的情况，寻求家长的配合

孩子的健康成长更多的要靠父母的态度和教育。因此，班主任要主动了解孩子的家庭情况，要多与父母加强联系，寻求家长的配合，采取针对性的措施，进行有效教育。要站在孩子的立场和家长进行真诚的沟通。有的家长管教孩子不得法，性情粗暴、方法简单，要么对孩子不管、放任自流，要么管得非常死，这容易造成孩子的叛逆行为。所以班主任有时还要对家长进行必要的教育指导工作，让家长明白无论孩子与谁一起生活，父母双方都要负起教育的责任。不能在孩子面前破坏对方的形象，也不要怀着补偿心理去溺爱孩子，对孩子百依百顺，这会严重妨碍孩子的健康成长。孩子需要的是父母的陪伴和理解，不只是物质补偿。总之，班主任要经常和家长保持联系，帮助家长形成正确的教育观念。

单亲家庭的学生容易早恋，班主任处理早恋问题时更要讲

究方法。一旦处理不当就会导致一系列不良后果。作为班主任，首先要尊重学生隐私，要真诚的关心爱护学生，不能简单粗暴、言辞训斥，更不能将早恋的事情在班上公开，要做好保密工作，不能诋毁学生的情感。曾经，我班有个学生，在父母离异以后，他觉得得不到家庭的温暖，情绪低落，学习成绩也是一落千丈，性格开朗的他也变得少言寡语，整天郁郁寡欢、心事重重的神情。有一段时间，他和班上一位女同学谈起了"恋爱"，两人常常在放学以后在外面逗留很长时间才回家，回家后还通过 QQ 聊天聊到很晚，白天上课他总是无精打采，也无心学习。我联系了他的母亲，母亲说他称在学校做作业，自己又很忙，没有时间管教，而且孩子对母亲的询问很是抵触，经常和母亲顶嘴，用各种借口向母亲要钱。据其他同学反映，他经常上 QQ 和一个女生聊天。有一天我把他叫到办公室，把我所了解到的情况告诉他，问他是不是喜欢那个女生，是不是早恋了。他默认了，但是马上请求我不要告诉他母亲，我也向他保证一定替他保密。我给他做了大量的思想工作，肯定他正常的心理情感，又对他动之以情晓之以理，用身边的事例让他意识到早恋的危害性，教给他如何正确处理与异性同学的方法。他终于醒悟到自己的错误，答应把心思放在学习上，我又加强和他母亲的联系，取得家长的配合，共同做好孩子的教育工作。在这之后，这位同学确实有了转变，心思也集中到学习上了。

不同的家庭环境对孩子的影响是不同的，教育单亲子女，要认真判别他们在学习中的困难、了解他们在心理上存在的障碍，根据不同情况进行疏导，"对症下药"，才能做到有的放矢，才能取得事半功倍的效果。

（二）给予学生更多的理解和关怀，消除自卑心理

单亲家庭的学生思想负担重，他们不愿让人提起自己的家庭，羞于让老师、同学知道家庭的真实情况，觉得是件丢脸的事，有着很强的自卑心理。因此，他们往往性格孤僻，喜欢独处，做事我行我素。作为班主任，要对单亲家庭的学生多加关心，让他们产生积极的思想情感，在班上要营造出关心爱护他们的气氛，鼓励学生多和他们交往，充分发挥集体的力量，开展班级活动，在班级、学校组织的各种活动中要让他们多参与，并有意识地把重要的任务交给他们去完成，让他们树立自信心，让这些孩子体会到班级这个大家庭的温暖，以此来调动他们的积极性，让他们能以乐观的情绪去看待世界。

（三）引导他们正确面对人生中的挫折和不幸

班主任要多和单亲子女谈心，了解他们的苦恼，了解他们的思想。要用道理说服他们，让他们懂得，"人生不如意事十有八九"，挫折是人生的一部分，我们就是在不断克服困难战胜挫折的过程中慢慢长大的。家庭变故只是其中的一个部分，遇到了就要勇敢地面对，能够经受住磨难的人才更坚强。必要时，老师要用一些身边真实的例子来引导孩子，鼓励他们重塑信心。谈心的方式可以有很多种，有时就是下课时间聊聊，这种方式看似随意，但最能拉近和孩子之间的距离，以朋友的立场和他们谈心，在某种程度上来说效果更佳。其次，让他们明白，父母离异是父母的选择，我们不能选择自己的出生，不能选择父母，但是我们能选择做好自己。不能因为父母的离异，我们放弃了自己的学业，那是对自己的不负责任。无论什么事情，放弃是最容易做的事，那是自暴自弃。老师要给予学生充分的信任，相信这些孩子能担当起自己的责任来，学会理解、尊重父母的选择，学会自立自强。

"没有爱就没有教育"，单亲家庭子女的教育问题是个值得全社会关注的问题。班主任虽然不能给单亲子女幸福的家庭，但是可以给他们一个温暖的"大家庭"。对单亲孩子多观察多关心，做到耐心细致，呵护有加，选择恰当的、有针对性的教育方法，帮助他们勇敢去面对挫折、面对最艰难的时光，就能让他们走出心理的阴影，朝着健康的方向发展。